[美]萨曼莎·罗斯·希尔 著　胡晓凯 译

我愿你是你所是

汉娜·阿伦特传

Samantha Rose Hill

HANNAH ARENDT

中信出版集团 | 北京

图书在版编目（CIP）数据

我愿你是你所是：汉娜 · 阿伦特传 /（美）萨曼莎 · 罗斯 · 希尔著；胡晓凯译 . -- 北京：中信出版社，2023.7
书名原文：Hannah Arendt
ISBN 978-7-5217-5345-5

I. ①我… II. ①萨… ②胡… III. ①阿伦特（Arendt, Hannah 1906-1975）－传记 IV. ① K837.125.1

中国国家版本馆 CIP 数据核字 (2023) 第 051280 号

我愿你是你所是：汉娜 · 阿伦特传
著者： [美] 萨曼莎 · 罗斯 · 希尔
译者： 胡晓凯
出版发行：中信出版集团股份有限公司
（北京市朝阳区东三环北路 27 号嘉铭中心 邮编 100020）
承印者： 嘉业印刷（天津）有限公司

开本：880mm×1230mm 1/32 印张：8.75 字数：165 千字
版次：2023 年 7 月第 1 版 印次：2023 年 7 月第 1 次印刷
京权图字：01–2023–0777 书号：ISBN 978–7–5217–5345–5
定价：59.80 元

服务热线：400–600–8099
投稿邮箱：author@citicpub.com

目录

序言：理解 / 1

内在的觉醒 / 13

《阴影》 / 31

《爱与圣奥古斯丁》 / 44

一个犹太女性的生活 / 53

转向政治 / 69

"我们这些难民" / 76

拘禁 / 91

紧急状态 / 102

过渡 / 108

友谊 / 120

和解 / 137

《极权主义的起源》 / 146

《爱这个世界》 / 159

《过去与未来之间》 / 169

《艾希曼在耶路撒冷》 / 177

《论革命》 / 193

《黑暗时代的人们》 / 203

《共和的危机》 / 214

《心智生命》 / 225

讲述故事 / 244

致谢 / 249

注释 / 253

主要参考文献 / 269

图片鸣谢 / 273

汉娜·阿伦特

弗雷德·施泰因拍摄于20世纪40年代[1]

[1] © Estate of Fred Stein/BPK Bildagentur/Art Resource, NY.

序言：理解

我们琢磨萤石—
直到合格做珍珠—
然后，扔掉萤石—
把自己看成蠢猪—
形状—尽管—类似
而我们这双新手
通过运用沙子—
学会了珠宝的花头—[1]

艾米莉·狄金森 [1]

[1] 引自《狄金森全集》（全四册），[美]艾米莉·狄金森著，蒲隆译，上海译文出版社，2014年。——译者注（如无特殊说明，书中脚注均为译者注）

“我们思考的对象是什么？是经验！没有其他！”这是1972年汉娜·阿伦特在“汉娜·阿伦特著作研讨会”上的发言。会议的主办方是多伦多社会政治思想研究学会，阿伦特本来受邀作为嘉宾列席，但她却坚持要在会上发言。

汉娜·阿伦特的作品在很多方面都是关于思考的。在她的《思想日记》(*Denktagebuch*)中，她问道：“是否存在一种非专制的思维方式？”在《人的境况》开篇，她表明了写作意图：“因此，我打算做的非常简单，仅仅是思考我们正在做什么。”[2] 在她作为《纽约客》特约记者赴耶路撒冷报道阿道夫·艾希曼的审判时，她发现艾希曼缺乏进行自我反思的能力，无法从他人的角度来想象世界。阿伦特的最后一部作品《心智生命》(1977，*The Life of the Mind*)，第一篇就是题为《论思考》的论文。

但对于汉娜·阿伦特来说，思考和经验是并驾齐驱的，可以肯定的是，20世纪的社会和政治环境塑造了她的生活和工作。1906年，阿伦特生于德国一个富裕的世俗犹太人家庭，从小她就敏感地意识到自己与众不同，是一个外人，一个反叛者，或者像她后来自己说的，一个“局外人”(pariah)和一个亡命之徒。她后来的人生也没有改变这种身份。14岁时，阿伦特因为带领同学联合抵制一位冒犯了她的老师，被学校开除。1933年，在她的第一任丈夫君特·安德斯离开柏林后，她留下来，把寓所变成了帮助共产党人逃离德国的地下中转站。同年，她因为在普鲁士国家图书馆收集反犹宣传材料，被盖世太保抓捕。后来她逃到巴黎，学习了法语，还研究了希伯来语，同时在“青年阿利亚”（Youth Aliyah）——一个致力于向巴勒斯坦运送犹太青少年的组织——工作。33岁时，她在法国南部的居尔拘留营度过了五个星期，后来这里大批犹太人被释放，开始逃亡之旅。1941年夏，阿伦特移民到了美国，申请为一个美国家庭做管家，以便学习英语，后来她开始为几份犹太报纸写文章。她在犹太关系大会找到工作，这个组织致力于帮助犹太家庭和机构拿回他们被窃的财产，此外她还讲授欧洲史的课程，也是在这一时期，她开始写作自己的第一部重要作品《极权主义的起源》(1951)。

她的好友，美国作家玛丽·麦卡锡[1]，把她描述为“光彩照人的女主角”。[3] 德国哲学家汉斯·约纳斯说，她有“一种激情，一种内在的驱动力，对高标准的本能追求，对本质的探索，对知识深度的渴求，这让她充满了魔力”。[4] 朱莉娅·克里斯蒂娃，这位保加利亚裔法国哲学家写道：“阿伦特同时代的许多人都谈到过她的女性魅力；纽约沙龙的人对这位‘魏玛的摩登女郎’念念不忘。”[5] 剧作家莱昂内尔·阿贝尔称呼她“傲慢的汉娜”。[6] 美国联邦调查局这样描述她：“个头娇小、身材丰腴的驼背女人，留着短发，声音有点男性化，头脑非凡。”[7] 也许汉娜·阿伦特身上最令人难以理解的一点，根据各方面的说法，是她的“自成一格”。这样的人物在全世界都绝无仅有。

---

[1] 玛丽·麦卡锡（Mary McCarthy，1912—1989），美国当代著名女作家，擅长对婚姻、两性关系和知识分子等话题进行犀利评论。

在汉娜·阿伦特早年那部自传色彩的小说《阴影》（*Shadows*）中，她描述自己对世界经验的饥渴就像“困在渴望中”。她早年工作的内在驱动力是一种体验和理解生活的热望。[8] 正如她后来所说，理解生活，与求知的冲动不同，它需要你无休无止地投身于思考活动中；它要求一个人永远都准备好重新开始。

从很多方面而言，阿伦特成为作家都是一个偶然。她说写作是为了记住自己的思考，记录值得记住的，写作是理解过程中不可或缺的一部分。这在她的日记和出版的作品中都能找到佐证，她在文字中进行着她所谓的“思考练习”。在《过去与未来之间：政治思考的八场练习》（1954，以下简称《过去与未来之间》）一书的序言中，她写道：“思想自身乃是源自生活经验中的事件，而且必须始终与它们维持联结，将它们作为指引方向的唯一路标。”对阿伦特而言，思考练习是进行理解这一工作的方式，它们提供了一个途径，帮助她摆脱在德国哲学传统中所受教育的桎梏。

1933 年德国国会大厦纵火案后，阿伦特的思考方向从学院哲学转到政治思想。她震惊于“职业思想家”对德国国家社会主义的崛起视而不见，并且还助纣为虐推进文化和政治机构的纳粹化。他们没有反抗希特勒政权的崛起，却被历史潮流裹挟前行。她宣布脱离那个“文化圈层”，说她“再也不会参与任何智识活动”。[9] 阿伦特在她的《思想日记》中问道：“是否存在一种非专制的思维方式？”接着提出了下列主张：“问题在于，一个人怎样能够完全避免被卷入潮流中。”[10] 阿伦特指出，思考本身只是一种活动，并非专业哲学家这个精英圈子的特权。她说，“知识分子”是一个令人憎恶的字眼。她认为，每个人都有能力进行自省的独立思考，如果你想抵制意识形态的思潮，在面对法西斯主义时担负起个人责任，独立思考就是必要的。

阿伦特并不经常谈论自己的方法论，她的政治思想并没有既定的分析出发点，也没有固定的框架。她写作不是为了解决实际的政治问题，也并非在构建一个哲学体系，对诸如真、善、美这样的概念做出理论阐释。她的工作渗透了苏格拉底的精神——它是对话式的，乐于接受质疑，不断回到起点。1955 年，阿伦特讲授一门名为“政治理论的历史”的研讨课，在课程伊始就指出，概念本身不是目的，概念应该是我们进行思考的源头活水。这暗示着所谓的“真”并不存在，因为我们必须不断从自身最新的经验出发来重新思考“真”。

在她的随笔《瓦尔特·本雅明》中，她将这种思考方式描述为“潜水采珍珠”，这个说法源自莎士比亚的《暴风雨》（第一幕中的第二场）：

> 五㖊[1] 的水深处躺着你的父亲，
> 他的骨骼已化成珊瑚；
> 他眼睛是耀眼的明珠；

---

[1] 㖊，英寻旧也作㖊，英美制计量水深的单位，1 英寻等于 6 英尺，约合 1.829 米。——编者注

他消失的全身没有一处不曾
受到海水神奇的变幻，
化成瑰宝，富丽而珍怪。[1]

阿伦特的著作探讨的是经历“沧桑巨变”之后的历史要素。我们不能指望从历史中找到今天的类比，也不能期待从历史中找到某种偶然、线性的推理链条，来解释极权主义崛起这样的历史事件。“潜水采珍珠”是一种走近碎片化历史的方式，让我们可以捡到一些富丽而珍怪的瑰宝，得到某些启发。

对于阿伦特而言，思考和理解的工作是要独自进行的。她在私人空间和公共空间之间划了一条清晰的界线。从早年起，在她对孤独的热爱和被认可的渴望之间就存在一种紧张关系。她反思道，即使只是读一本书，也需要一定程度的孤独。如果一个人想要进行思考，他必须避开公共领域的灼灼凝视，这样才能体验思想的无声对话。阿伦特将这种对话称为“合二为一”，即一个人跟自我的对话。思考是一个自我理解的过程，是对自我的认知。当一个人体验到思想的无声对话，思考的自我是一分为二的；当一个人重新显现于世，自我便再次复原为一体。在这一思考空间里，一个人可以直面自己的经验，自己的信仰，以及自己既往的思想。阿伦特说：“认为存在危险的思想是错误的，原因很简单，因为思想本

[1] 引自《莎士比亚全集：纪念版》（全11册），[英]莎士比亚著，朱生豪等译，人民文学出版社，2014年。

身对所有的信条、信仰和观点来说都是危险的。”

这不是一项容易的任务。阿伦特的思考练习带着一丝危险的意味，这并非偶然。经验（experience）和实验（experiment）这两个词有着共同的词根：experiri（去尝试），它又和 periculum（危险）相关。阿伦特说“没有危险的思想，思考本身就是危险的”这句话时，可能就是这个意思。11 思考活动，理解世界的活动，可能会颠覆我们曾经相信的一切。思考有让我们自身解体的力量。

汉娜·阿伦特抗拒所有意识形态的思考方式。她不是任何思想流派或哲学信条的信徒。因此，阿伦特的人生和作品为读者提供了一种思考方式，教给我们如何思考，而非提供一些供思考的论点。所以，阿伦特的许多读者曾经尝试将她归于某种政治传统下，是很讽刺的，因为阿伦特对理解的热衷即对这一思维方式的完全抛弃。理解不是要形成“正确的信息和科学知识”，它是“一个复杂的过程”。只有通过这种永不停止的思考活动，我们才“对现实妥协，与之和解”。阿伦特认为，这便是我们在世界上筑造精神家园的方式。12

＊ ＊ ＊

1967 年夏，在给罗歇·埃雷拉[1]的一封信中，阿伦特写道：“被世人赞扬当然总是让人愉快的。但这真的不是重点，被世人理解要让人愉快得多得多。”13 也许我们要问一问，汉

[1] 罗歇·埃雷拉（Roger Errera，1933—2014），法国犹太作家。

娜·阿伦特被理解了吗？

近年来，许多人都开始阅读汉娜·阿伦特的作品，试图去理解我们今天面对的政治危机——自由民主的衰落，虚假新闻的散播，公共领域的增长，技术的胜利，私人领域的丧失，普遍的孤独感，等等。阿伦特的文字中到底有什么，在今天让如此之多的人找到共鸣？为什么我们总要把目光投向她，来理解21世纪的政治状况？

我敢说，那是因为阿伦特在历史中找到的不是类比，而是那些富丽而珍怪的瑰宝，可以帮助我们通过一个新角度来看待我们最切近的经验。就像所有伟大的政治思想家一样，她关注着她那个年代的问题——极权主义的崛起，革命的政治，人们对政府信任的丧失，对参与型民主的需求，文化的衰落，恶的问题。这些都不是新问题，但它们呈现在每一代人面前都是新的样貌，需要我们的理解。

阿伦特的文字中还有一种激进的开放性，邀请人们参与和阐释。阿伦特是一个诗性思想家。有人称她为"and"思想家。[14] 用她的朋友，政治科学家汉斯·摩根索[1]的话说，"她头脑的运转方式与诗人相似，创造出亲密感，发现一些一旦提出人们都会感到恍然大悟的关系，但是在诗人提出这些关系之前，没有人想到过"。阿伦特知道意义是可塑的，它必须通过讲故事制造出来。她想要找到新的语言，来言说一个

---

[1] 汉斯·摩根索（Hans J. Morgenthau，1904—1980），犹太人，美国政治学家，国际法学家，国际关系理论大师，国际法学中"权力政治学派"缔造者。

新世纪的政治现象，为此，她将自己从传统中解放出来，将哲学、神学、政治理论、文学和诗歌熔为一炉，打开了一个全新的格局。

阿伦特不是一个迷信的女人。她并不相信神谕或占卜。她甚至都不相信进步的神话。她关注的当下和此地，是普通人的日常生活。她不认为我们应该围绕着“未来会更好”的概念来安排生活和政治，而认为我们应该重新回到“善”的概念。

阿伦特是一个苛刻、专横、带着偏见的人。她不是女权主义者、马克思主义者、自由派、保守派、民主党人和共和党人。她爱这个世界，接受她所理解的人的境况的根本因素：我们不是孤立存在的，我们彼此各不相同，我们显现于世，然后终会消失。在这之间，我们被扔进一个“成为”的空间，我们必须一起照看地球，共建世界。

阿伦特对世界的热爱，要求我们必须接受人的境况。它也要求我们这些凡夫俗子找到一种方式，来看待充满苦难的世界，还能依然热爱它。这不是容易做到的“诫条”。柏拉图说，忍受伤害要强于施加伤害。康德给了我们一个明确的指令，要我们按照全体人类的善来支配自己的行动，认为唯一的善就是善意。但是到了关键时刻，职业思想家、民族国家和哲学都没有起身抵抗法西斯主义的潮流。所以，阿伦特自觉摆脱了传统的桎梏。她喜欢引用法国诗人、抵抗运动[1]斗

[1] 法国抵抗运动，“二战”期间法国人民抗击纳粹德国对法国的占领，以及抵抗卖国的维希政权的运动总称。

士勒内·夏尔的一句话："我们的遗产未被预置任何遗嘱。"

阿伦特的作品现在已经成为我们遗产的一部分，我们可以借助它们来进行理解，但她一定会反对我们用她的作品来类比当下的政治危机。她在去世不久前的一次采访中说："回望历史以期找到类比，作为解决当下问题的借鉴，在我看来，是一个荒谬的错误。"阿伦特想要教给我们的是怎样思考——怎样停下，根据我们最切近的经验、恐惧和欲望，来思考自己的行动。我们今天的世界不同于20世纪上半叶的那个世界，它已经被冷战、反恐战争和数字技术的崛起从根本上重新塑造。阿伦特向我们展示了如何重新来思考，如何把自己从西方政治思想的传统中解放出来，如何自己为自己的行为负责，如何独立思考而不是屈服于意识形态。她说，只有当我们做到这些，我们才有爱这个世界的能力。

* * *

她写过一篇题为《80岁的海德格尔》的随笔，其中写道："每个思想家，如果他活得足够长，一定会致力于阐释那些看似是他思想的成果，途径就是通过重新思考它们。"这不是写汉娜·阿伦特的第一本传记，也不会是最后一本，我在想，自己能以怎样不同的方式来写她，在这样的想象中，我与阿伦特站在了一起。伊丽莎白·扬-布鲁尔在1982年出版了她的阿伦特传记作品，名为《爱这个世界：汉娜·阿伦特传》（以下简称《爱这个世界》），她向世界曝光了阿伦特不为公众所知的私人生活。虽然不知道阿伦特是否愿意把自己的诗歌、日记和情书公之于众，但她在去世时确实把这些遗赠给了我们。（鉴于她也曾研究过作家拉赫尔·瓦恩哈根[1]的书信，想来她也想象过有人发现她的文件，并在其中找到了友谊的陪伴，就像她在拉赫尔信件中收获的那样。）扬-布鲁尔参考了1966年J. P. 内特尔出版的《罗莎·卢森堡传》的框架，完成了一部巨著。而我的这部传记不同。它没有追求面面俱到，而是将主题更聚焦。它的目标是向不熟悉阿伦特的读者介绍她的生平和作品，并补充了一些已出版的传记中缺失的自传细节。我希望可以向读者描绘一个无比生动的女人的画像，来展示她为何被视为思想和行动上的双重巨人。

阿伦特对理解的热情，对生活的渴望，对于她自省的独立思考能力的形成是同等重要的。我不认为这两者可以脱钩，因为一个人必须真正热爱这个世界，才能像她那样热情地投入其中。在她人生的至暗时刻，就是她被关在拘留营那段时期，未来一片渺茫，她开始思考自杀的问题，最后她的结论是，自己太热爱生活，所以不能放弃。她决定继续活下去，并且要努力欢笑着活下去。我希望她面对绝境的勇气能够激励我们鼓起勇气，在“我们这个并不美丽的世界”，去抵抗我们今天面对的黑暗。[15]

---

[1] 拉赫尔·瓦恩哈根（Rahel Varnhagen，1771—1833），德国第一位重要的犹太女性思想和政治人物。她写作的方式是对话式的，她给人写信，并和收信人一起写作。阿伦特写的第一本书就是她的传记《拉赫尔·瓦恩哈根：一个犹太女性的生活》。

内在的觉醒

"1906年10月14日晚9点15分，约汉娜·阿伦特生于德意志帝国汉诺威的郊区林登，这是一个周日。"这是她的母亲玛尔塔·科恩在笔记本《我们的孩子》中记下的文字，宣告了汉娜·阿伦特的降生。玛尔塔的生产持续了22个小时，约汉娜的出生体重为3 695克（8.15磅）。

汉娜·阿伦特出生在20世纪初，那是一个社会和政治都发生剧变的时代。用她后来的话说，这是一个被"一系列不间断的战争和革命"所定义的世纪。[1] 她是玛尔塔和保罗·阿伦特第一个也是唯一一个孩子。保罗是一位电气工程师，熟悉希腊和罗马经典；玛尔塔跟随一位私人教师学习过法语和音乐，后来还被送到国外。玛尔塔和保罗的父母、祖父母都是俄罗斯移民，与他们不同，玛尔塔和保罗在政治上更为明显地偏向左派，宗教态度上也更世俗。

保罗·阿伦特

从汉娜·阿伦特第一口呼吸开始，母亲就开始监测她的成长，并把观察结果记录在一本命名为《我们的孩子》的笔记本中。1906—1917年的71页笔记，包含了长篇的记录，记载了汉娜怎样一步步长大成人。“性格安静，但十分警觉。我们应该早在第四周就发现她能听人说话；在第七周，她就有了对光的一般反应之外的视觉感知。第六周我们看到了她的第一个微笑，并观察到一种全面且内在的觉醒。”[2]

玛尔塔熟悉歌德和威廉·冯·洪堡特的教育哲学著作，决心让汉娜受到良好的教育。教育作为社会化和自我修养的一种方式，这种带有明显德式特征的教育观念，在当时影响了所有正统的中产阶级。在18世纪90年代，教育已经成为一种世俗的社会理想，符合资产阶级和贵族阶层的人生经验，提供了一种旨在使个体获得成功的教育哲学，同时要求对社会关系进行重新考量。确保孩子取得成功不再只是父母的责任，全社会都有义务推动这一进程。人们注重保障个人自由、自治和内在的和谐，旨在达到内在和外在的完善。[3]

然而，汉娜·阿伦特内在的和谐在早年就受到了挑战。在她三岁时，为了治疗她父亲的梅毒，全家从汉诺威搬到了东普鲁士的首府柯尼斯堡。保罗·阿伦特年轻时就感染过梅毒，那是在和玛尔塔结婚前，当他们决定生孩子时，以为病毒已经得到控制，但等到汉娜出生，保罗的身体就每况愈下。几年后，他被迫放弃了电气工程师的工作，1911年夏，他被送进了精神病院，因为梅毒发展到晚期，他瘫痪在床，并有了痴呆的症状。汉娜定期被家人带去看望父亲，直到他已经不认得自己的女儿。在汉娜七岁时，他去世了。

葬礼过后，玛尔塔记录下汉娜对父亲的疾病和离世的反应：

> 我们度过了艰难和悲伤的岁月。这个孩子目睹了她父亲在疾病折磨下所有可怕的变化。她和父亲在一起时，体贴又耐心，1911 年整个夏天，她一直在陪他玩纸牌，她不允许我说一句关于他的难听话，但有时又希望父亲不在这个世界上。
>
> 她早晚为他祈祷，没有人教她这么做……保罗 10 月去世了。她认为这对我是一件悲伤的事情。她自己似乎并没有受到很大影响。她还安慰我说："记住，妈妈，很多女人都会遇到这样的事。"她参加葬礼时哭了，"因为葬礼上唱的歌曲太美了。"除此之外，她感到很满意，因为那么多人都在关注她。撇开这一点，她可以说是一个阳光、快乐的孩子，有一颗善良、温暖的心。[4]

失去父亲的经历，并没有减少汉娜·阿伦特内在的对世界的好奇心。从很小的时候，她就是一个害羞、独立和充满好奇心的混合体，并且拥有强大的想象力，热爱讲故事。玛尔塔记录了女儿在幼儿园度过的时光如何给她提供了很多在家里玩的想法，比如她会重新表演在学校学到的课程。玛尔塔在笔记本里写道："她好为人师。"[5]

1900 年，东普鲁士的首府柯尼斯堡

汉娜 · 阿伦特和父亲保罗 · 阿伦特

汉娜四岁时进入幼儿园，那时大多数德意志帝国的孩子不论宗教背景如何，都被要求上基督教主日学，汉娜也不例外。玛尔塔不信教，但她坚持让汉娜跟着爷爷马克斯和他的第二任妻子克拉拉上犹太教堂，好让她受到一些宗教教育。于是，汉娜成为沃格尔斯泰因拉比的学生，一周和他见几次面，接受宗教指导。没过多久，她就对这位拉比心生好感，她喜欢告诉朋友们，等她长大了要嫁给他。但是母亲警告她说，如果她嫁给拉比，就不可以再吃猪肉。对此汉娜回答道："那好，我就嫁给一个吃猪肉的拉比。"汉娜没有做太久学生，很快她就跟沃格尔斯泰因拉比说，所有的祈祷应该献给基督[6]，又过了不久，她宣布她不相信上帝（尽管这一声明并没有贯穿她的一生）。宗教是需要被理解而非信任的。虽然后来她又研究神学，但这是她第一次也是唯一一次过宗教生活。

汉娜虽然没有宗教信仰，并不意味着她缺失犹太身份认同感。她的父母并不谈论身为犹太人的话题，但她在成长过程中，意识到自己是"不同的"。正是这种"不同"定义了她作为一位 20 世纪德国犹太女性的一生。1964 年，在接受君特·高斯的采访时，阿伦特回忆了她的童年经历，讲述了她是如何意识到自己犹太人的身份的：

> 我小时候并未听过"犹太人"这个词。第一次接触到它，是在街上听到孩子们说的反犹言论——具体就不必重复了。从那之后，怎么说呢，我就"开悟了"……我并没有感到震惊。我暗暗想道：原来

> 事情是这样。我当时感觉自己是特殊的吗？是的。但是，今天我无法跟你解释清楚……客观来说，我认为那跟我身为犹太人有关。比如说，作为一个孩子——当时已经算是个大孩子——我知道我看起来就是犹太人的样子。我的外表就跟其他孩子不同。我对此非常敏感。但是这并没有让我感到自卑，我只是意识到这个事实……你知道，所有的犹太孩子都会遭遇反犹主义。许多孩子的灵魂都中了它的毒。我的情况之所以不同，是因为我母亲经常告诉我，人不要自轻自贱。我们必须捍卫自己的尊严！[7]

20 世纪初，柯尼斯堡居住着很多犹太人。玛尔塔 · 科恩的父亲雅各布 · 科恩于 1852 年逃离了俄罗斯帝国，当时的统治者是迫害宗教少数派的尼古拉一世。他宣称犹太人是一个有害的异端群体，推行通过同化犹太人来系统性破坏犹太文化的政策。他强制所有男人服兵役，强迫犹太孩子离开母亲，接受基督教教育。雅各布 · 科恩带着家人来到柯尼斯堡，创立了一家茶叶进口公司。短短几年，公司发展得红红火火，足以让一家人生活无忧。雅各布于 1906 年去世，同一年，汉娜出生。

阿伦特家族从 18 世纪开始就一直住在柯尼斯堡。这是一个家境殷实、备受尊重的家族。马克斯 · 阿伦特是市议会大会和自由派犹太社区组织的主席。[8] 保罗和玛尔塔结婚后，搬到有“小莫斯科”之称的蒂尔加滕大街虎峰（Hufen）区的一栋大房子里。尽管当时柯尼斯堡也在讨论“犹太人问题”，但阿伦特的家里并没有谈过。她的家人就像许多犹太移民家庭一样，融入了德意志帝国的生活，当阿伦特告诉妈妈同学们说的话时，玛尔塔告诉她，如果她因身为犹太人遭到攻击，她就必须作为犹太人来保卫自己。她的犹太身份不是一个问题或一个选择，而是与生俱来的事实。

* * *

父亲去世后仅一年，汉娜的生活又被打乱，因为第一次世界大战爆发了。1914 年 6 月 28 日，弗朗茨 · 斐迪南大公和他的妻子索菲在萨拉热窝被刺，奥匈帝国向塞尔维亚宣战，紧接着俄罗斯帝国向奥匈帝国宣战。作为奥匈帝国的盟友，德意志帝国宣布参战，但它并没有开赴东部战线，而是穿过比利时去阻击法国，这又使得英国加入战争。柯尼斯堡街头的大红海报宣布开战，号召民众入伍；志愿者纷纷涌入军营。阿伦特学校的班级被带去为正在等待调配的士兵们表演节目。东普鲁士距离俄罗斯帝国如此之近，现在已经成为危险之地，尤其对于像阿伦特一家这样的俄罗斯帝国移民而来的犹太人来说。就在俄罗斯帝国的部队向柯尼斯堡行进时，成千上万人逃到了占领区，包括玛尔塔和汉娜。她们在柏林待了几个星期，住在玛尔塔的姐姐玛格丽特的家里，玛格丽特已经结婚，有三个孩子。玛尔塔在笔记本《我们的孩子》中这样描述那段时光：

那些可怕的日子充满了焦虑和紧张的情绪，我们知道俄罗斯帝国的人就在柯尼斯堡附近。8月23日，我们逃往柏林。汉娜进入夏洛滕贝格的女子中学就读，虽然课程更难了，但她适应得还不错。这里的亲戚和朋友带给她许多爱，宠着她。尽管如此，她还是强烈地希望回家，回到柯尼斯堡。十周之后，我们开车回到了已经解放的柯尼斯堡。

德意志帝国的部队在东普鲁士发起反击，迫使俄罗斯帝国的人折返，玛尔塔和汉娜这才得以回到暂时安全的柯尼斯堡。尽管战事造成了一系列混乱，但汉娜的生活大体恢复了正常，只是帝国的经济萧条影响到了家里的经济状况。[9]保罗去世后，给玛尔塔留了一笔遗产，加上科恩家族的生意遗赠，她和汉娜的生活是有保障的。但随着战争结束，经济剧烈动荡，她的资产也迅速缩水，为了增加收入，玛尔塔把家里的一间房子租给了一位年轻的犹太学生。

流亡的环境和家庭状况的变动让汉娜有些吃不消。在1914年1月的一篇日记中，玛尔塔记录了汉娜的慢性病，她常常一外出旅行就会生病。病症有流鼻血、头痛、喉咙痛、高烧、流感、麻疹、百日咳，有一次还有类似白喉的症状，医生无法确诊。等她身体好转，就开始上钢琴课，学习游泳，虽然玛尔塔认为，她在音乐和游泳上没什么天赋。

在那几年里，汉娜和母亲的关系发生了变化。动荡不安的社会和政治环境让她的性情变得日益内敛，她“好为人师”

的一面更加凸显。她从阅读荷马的作品和学习希腊语中得到了很大乐趣，但她更愿意自学，而不是由老师来教。在玛尔塔的笔记本《我们的孩子》倒数第二篇日记中，她形容女儿“难以相处”“令人捉摸不透”，然后补充说，她“是很好的学生，在学业上力争上游……她根据学校课程自学拉丁文教材，学得非常好，回学校后考试得了第一名”。汉娜的智力在全面发展，但童年的艰难岁月并没有结束。

＊　＊　＊

1918 年 11 月 9 日，在战争进入尾声之时，威廉二世被迫退位，开始流亡，帝制结束，一个新的德意志民主共和国即将诞生。两天后的 11 月 11 日，它与协约国签订停战协定，结束了战争。这个消息震惊了本以为他们会赢的本国人。民怨沸腾，这为后来的“十一月革命”埋下了伏笔。尽管玛尔塔在罗莎·卢森堡和爱德华·伯恩斯坦关于改革还是革命的辩论中并不支持前者，但她对斯巴达克团[1]的起义抱有极大热情，将之视为本国政治上一个历史性时刻。玛尔塔终其一生都是一个社会民主党人，也是一名共产党员。社会民主党人士经常在她家聚会，围坐在一起进行长时间的热烈争论。玛尔塔让汉娜接触到罗莎·卢森堡的思想，还带她去看卢森堡在大罢工集会上的演讲。

---

[1] 斯巴达克团是德国左派社会民主党人的革命组织，主要领导人有卡尔·李卜克内西、罗莎·卢森堡等。斯巴达克团广泛开展革命宣传活动，组织领导工人斗争和反战运动。

8 岁的汉娜和她的妈妈玛尔塔

1919 年 1 月，当罗莎·卢森堡和卡尔·李卜克内西被“自由军团”暗杀时，阿伦特刚刚 13 岁，但是卢森堡的政治哲学和母亲政治激进主义的早期印记一直跟随着她。在阿伦特那部谈政治经济和帝国主义的《极权主义的起源》和谈“剥夺公民财产”（expropriation）的《人的境况》中，卢森堡成为一个重要的思想起源。在卢森堡身上，阿伦特看到了一个独立、热情的女人，一个致力于捍卫自由和积极参与公共生活的人。

然而，还要过一些年，汉娜·阿伦特才最终转向政治世界。如果说第二次世界大战的经验促使她关注公共领域，那么让她转向思想生活，转向诗歌、哲学和文学的，就是第一次世界大战和经济危机造成的混乱状态。在革命的动荡岁月，她被困在家里，整日待在父亲的书房，阅读和背诵弗里德里希·席勒、歌德、弗里德里希·荷尔德林和荷马的作品，同时在哲学的世界探索，贪婪地阅读卡尔·雅斯贝尔斯的《世界观的心理学》（1919）和伊曼努尔·康德的《纯粹理性批判》（1781）。

1964 年，当君特·高斯问她为什么会选择学习哲学、神学和希腊语时，阿伦特回答道：“我只能说我一直都知道我要学哲学。从我 14 岁开始。”“为什么？”高斯追问道。阿伦特答道：“我读过康德。你会问，你为什么会读康德？对于我来说，这个问题可以这样回答：我要么学习哲学，要么就溺死，可以这么说。”

阿伦特向高斯保证说，她选择学习哲学，不是因为她不

少女时代的汉娜·阿伦特在柯尼斯堡

汉娜在父亲的书房

热爱生活，而是因为她有一种“理解的需要”。从她踏入父亲的书房那一刻起，她持续一生的对理解的需求就存在了：“你知道，所有的书都在家里的书房里，你要做的只是从架子上把它们取下来。”[10] 少年时代看过的书籍，在阿伦特的思想上留下了永恒的印记，进而塑造了她对战后的德意志民主共和国的看法。本国哲学和诗歌的语言也成为她一生的陪伴。

＊ ＊ ＊

1920 年 2 月，玛尔塔嫁给了马丁 · 比尔沃尔德，一个 46 岁的商人，他在妻子去世后独自抚养两个女儿。玛尔塔早就和他相识，汉娜在战争期间一个学校项目中认识了马丁的女儿伊娃和克拉拉，当时她们分别是 19 岁和 20 岁。在举行婚礼后，玛尔塔和汉娜搬到了位于波索德大街的马丁和他女儿的家中，离汉娜长大的蒂尔加滕大街只有两条街。虽然两个家庭合二为一，但汉娜拒绝屈从于继父的权威。和娴静端庄、相貌普通的两个姐姐不同，汉娜很有主见、桀骜不驯、充满魅力。她没有为融入新家庭做出任何努力，并且开始经常逃学。伊丽莎白 · 扬 - 布鲁尔写道：“汉娜 · 阿伦特早晨起床拖拖拉拉，在跟人说话之前都必须喝几杯咖啡。”[11] 和她对待学校的态度一样，阿伦特很少参加家庭活动，只有高兴时才参加。差不多在这一时期，她遇见了恩斯特 · 格鲁马赫，格鲁马赫比她大几岁，也是个学生，后来他介绍阿伦特认识了两个人，安妮 · 门德尔松和马丁 · 海德格尔，他们对她的一生产生了重大影响。格鲁马赫邀请阿伦特加入他组织的一个学习小组，阅读希腊语作品，讨论文学和哲学，就是在这个圈子里，她先认识了安妮，然后是海德格尔。

安妮是伟大的德国犹太哲学家摩西·门德尔松的后裔，摩西被誉为犹太启蒙运动之父，他的孙子费利克斯·门德尔松是一位著名的作曲家和钢琴家。安妮和汉娜持续一生的友谊开始于一场叛逆行动。玛尔塔禁止汉娜和安妮交往，因为安妮的父亲——一个有名的医生——背负着好色的名声。他被一个女病人指控性骚扰，被判处两年监禁，当时正在服刑。但是汉娜没有听妈妈的话。一天晚上，在所有人都睡着后，她偷偷从家里跑出来，坐火车来到安妮居住的斯多尔普（Stolp），这是位于柯尼斯堡西南的一个小镇。她到达的时候是半夜，为了叫醒安妮，她往窗户上扔石子，结果把安妮全家人都吵醒了。玛尔塔意识到不管自己喜不喜欢，汉娜都要跟安妮交朋友，从那以后，她就接受了她们的友谊，欢迎安妮来他们家做客。[12]

汉娜的叛逆行为一直持续到她被学校开除。有一天，她感觉受到老师的冒犯，便带领同学们联合抵制这位老师的课。她的母亲试图跟校长沟通，让她继续留在学校，但是她惹了太多麻烦，逃了太多课，实在没有挽回的余地了。玛尔塔于是安排汉娜到柏林大学完成学业。她 15 岁时搬到了一个学生公寓，研读希腊文、拉丁文和哲学课程。汉娜当时有个老师叫罗马诺·瓜尔迪尼，他对待神学持开放态度，将神学、诗歌和哲学融合在一起的授课方式，点燃了她对理解的渴望。她轻松通过了高考，顺利进入大学，在远离政治动乱的魏玛

约 1922 年，汉娜和异父异母的姐姐伊娃、克拉拉

1920 年，恩斯特 · 格鲁马赫

共和国，享受到了文化的盛宴。

然而，彼时国家正在受难中。《凡尔赛和约》被国民视为背叛，通货膨胀已经到了天文数字，经济被摧毁，国家在文化上处于撕裂状态，一边是魏玛共和国的进步主义，一边是参与“一战”但失败的士兵们对战场的渴望。阿道夫·希特勒就是这些士兵中的一个，1923 年 11 月 8 日到 9 日，他代表国家社会党发动了“啤酒馆政变”。政变失败后，希特勒被判处五年徒刑，他就是利用这段时间写出了自传《我的奋斗》，这本书也成了国家社会主义的宣言。与此同时，关于马堡一个年轻教授的传言开始满天飞，他曾经跟随哲学家、现象学之父埃德蒙德·胡塞尔学习。恩斯特·格鲁马赫已经上过马丁·海德格尔的第一届研讨班，他激动地告诉汉娜·阿伦特，传闻是真的：思想真的回归了。他热切地敦促她也加入进来。

《阴影》

1924 年秋天，即将年满 18 岁的汉娜 · 阿伦特来到马堡大学，投入马丁 · 海德格尔门下学习。

德国哲学家卡尔 · 洛维特把海德格尔称为“来自梅斯基尔希的魔法师”，把他的教学风格称为“巫术”。以解释学著作扬名的汉斯 - 格奥尔格 · 伽达默尔称他为“远见卓识者”。海德格尔个子不高，但相貌英俊，头发黝黑，胡须硬挺。他穿着传统的乡村服装，充满魅力，声名远扬。学生们远道而来听他讲课，据说当他讲起柏拉图和亚里士多德时，这些古人似乎活了过来。

阿伦特出现在他的课堂时，海德格尔 36 岁，已婚，有两个儿子，刚刚开始写作他的巨著《存在与时间》。阿伦特在马堡大学的第一个学期，就选了海德格尔的“亚里士多德哲学思想的基本概念”课程，以及“柏拉图的《智者》”这门研讨

20 世纪 20 年代的汉娜 · 阿伦特

班风格的课程。海德格尔这些关于柏拉图和亚里士多德的课程背后的问题是：存在的本体论基础是什么？海德格尔试图挣脱脱胎于柏拉图和亚里士多德的西方哲学的桎梏，从全新的角度来思考存在。

在《存在与时间》中，他致力于挖掘一种新的语言，来解释现象学的问题。海德格尔想要理解前理论时代的思想环境。所以，他挖掘西方哲学传统，描绘出“思想路径的巨大网络”和“路径标识”，旨在开拓思想的新维度。在1951年的一首短诗中，汉娜·阿伦特借用了海德格尔的语言，来描述这种思想概念。

> 思想来找我了，
> 我对它们不再陌生，
> 我慢慢进入它们的居所，
> 就像被犁过的田地。[1]

1889年9月26日，海德格尔出生于巴登－符腾堡州[1]梅斯基尔希的一个天主教家庭。他早年的大部分时间都在为成为一名神父做准备。1903年，教会送他到康斯坦茨上高中，1906年，他又到弗赖堡深造。1909年的冬季学期，海德格尔进入弗赖堡大主教管区的神学院（Collegium Borromaeum）上神学研讨班。他研究教会历史，以及哲学和释经学（biblical

---

[1] 现今德国西南部的一个联邦州，其首府位于斯图加特。

exegesis)。他的老师卡尔·布赖格对他尤为欣赏，对“他的思维敏捷”印象深刻。

布赖格让海德格尔看到了本体论和思辨神学之间的张力，引导他阅读亚里士多德的作品。[2]同时，海德格尔开始阅读埃德蒙德·胡塞尔的作品，进一步靠近哲学，远离神学。当他读到弗朗茨·布伦塔诺[1]1862年撰写的论文《根据亚里士多德论“存在”的多重含义》，他知道他的兴趣是继续研究思想的问题。海德格尔离开了神学研讨班，进入哲学系，从1911年到1914年，跟随海因里希·李凯尔特[2]学习，然后也跟着胡塞尔做研究。海德格尔后来说，是布伦塔诺的著作让他决定踏上寻找存在意义的道路。

* * *

尽管汉娜·阿伦特天生性格腼腆，在马堡大学却还是很快脱颖而出，她乐于独自学习，但也很享受他人的关注。在伽达默尔的回忆录中，谈到那个时期的阿伦特，他这样描述，“那个总是穿一条绿色裙子的引人注目的女孩”。[3]她住在大学附近的一个阁楼公寓，养着一只宠物老鼠。阿伦特搬进来时，这只老鼠就在房子里，她和这个孤独的小生灵成为朋友，当她的朋友过来时，她会用奶酪把小老鼠引诱出洞，博朋友

---

[1] 弗朗茨·布伦塔诺(Franz Brentano，1838—1917)，德国哲学家、心理学家，意动心理学派的创始人。

[2] 海因里希·李凯尔特(Heinrich Rickert，1863—1936)，德国哲学家和历史家，新康德主义弗赖堡学派的代表人物。

20 世纪 20 年代马丁 · 海德格尔在他的书房

们一笑。阿伦特的天真和顽皮也是吸引海德格尔的许多特质中之一。

他们第一次单独见面是在他的办公室，他对她一见钟情。海德格尔在 1925 年 3 月 21 日的一封信中描述了他们见面的情形，当时阿伦特穿着一件雨衣进入他的办公室，帽檐低垂在“大大的眼睛”上，她害羞地回答他的问题。[4] 在他们第一次见面的几天后，海德格尔就写信给她：

> 1925 年 2 月 10 日
>
> 亲爱的阿伦特小姐！
>
> 今天傍晚我必须过来见你，和你谈心。我们之间的一切都应该是简单、透明、纯粹的。只有那样我们才应该被允许见面。你是我的学生，我是你的老师，但我们只是碰巧在这一情形下对彼此发生感情。我永远不能说你是属于我的，但从今以后你将在我的生命中占据一席之地，这也将成为你生命的一部分。[5]

见面还不到两周，他就向阿伦特表明了他的爱意。在他们相爱的第一年，阿伦特和海德格尔都会秘密会面，在他的办公室，在她的阁楼公寓，在树林中长时间地散步。他用德文尖角体（boxy Fraktur script）和德意志字体（true German font）给她写信，然后把信折成正方形，从外面看不到任何字迹，然后从她家门下的缝隙中塞进去。

海德格尔没有保存阿伦特的情书，但阿伦特保存了他的，所以那个时期保存下来的只有她的几封信。他们的关系直到20世纪80年代才为公众所知，彼时她的文件都被存档，可以公开借阅。对于阿伦特来说，心灵的问题属于私人领域，对于和海德格尔的关系，她一直保密。唯一知道他们关系的人是她少年时代的好友安妮·门德尔松。就连她的继姐克拉拉都不知道，那时候她也搬到了马堡，相对了解阿伦特的私生活。

阿伦特幸存下来的信件清楚表明了，他们炽烈的恋爱关系断断续续持续了好几年。在1928年4月18日的一封信中，阿伦特告诉海德格尔，她对他的爱一如他们初见时，如果她失去了对他的爱，也就失去了生存的权利。[6]

海德格尔那部《存在与时间》的核心是“Dasein”的概念。“Dasein”指的是生而为人的独特之处，承载着一种入口的意味。对于海德格尔来说，“Dasein”不是生物学意义上的个体，甚至也不是那个在世界上以“我”的形式存在的人，而是一种自我存在方式的集合，其中有真也有假。对自我存在的构建寓于对存在的阐释之中，并通过它来进行，主要是通过理解世界，根据世界的真实性或自我对世界的理解来赋予它特定的可能性。“Dasein”很难翻译，但可以勉强译为“此在”。

和海德格尔在一起的阿伦特，体验到了强烈的“此在”之感，但她也发现，当这种得到启示的时刻过去，蒙在现实上的那层面纱便被揭掉了。尽管他们的爱情很热烈，但海德格尔因为工作和家庭生活的要求而与她保持距离，这让阿伦特深感苦恼，这也体现在她那个时期的诗歌中：

你为什么害羞地给我你的手
似乎那是一个秘密？
你是来自那样一个遥远的大陆
竟不知道我们的佳酿？[1]

对于海德格尔来说，哲学在他生活中的地位总是高于女人的；他需要在位于托特瑙（Todtnauberg）山中的树林小屋里独处，进行思考和写作。妻子埃尔弗里德·彼得里是1917年在“一战”期间和他结的婚，她理解这一点，但阿伦特理解不了。她把他们之间的距离称为“鸿沟”，而且是不可逾越的。

第二年夏天，也就是1925年，汉娜·阿伦特在学期结束后，回到柯尼斯堡的家中，写了那篇自传性质的《阴影》，寄给了海德格尔。《阴影》是用哲学语言和德国浪漫主义的色彩描画的。其中弥漫的情绪更多是忧郁而非绝望。在她寻寻觅觅的文字中，能感觉到一种对未来的希望。阿伦特因为自己的好奇心而对自我感到疏离，她称之为“Absonderlichkeit”（陌生感）。从少年时的疏离感，到中学被开除，再到马堡的

[1] 引自《爱这个世界：汉娜·阿伦特传》，[美]伊丽莎白·扬－布鲁尔著，陈伟、张新刚译，上海人民出版社，2017年。

大学时代，“与众不同”的感觉从未消失。只是随着年龄增长，这种感觉也发生了变化。在一首与《阴影》同时期创作的题为《陷入自我沉思》（*Absorbed in Oneself*）的诗中，她写道：

当我思考我的手——
这个让我感觉陌生的东西——
那时我无地可容，
不是此时，也不是此地，
无所支撑。

阅读《阴影》时，读者可能有一种感觉，阿伦特被卡在了女孩和女人之间。她用第三人称叙述，哀叹自己注定要“在无稽的实验之中，在一种无法无天的、无根无据的好奇”之中虚度一生。她感到自己像浮萍，一方面感到了巨大的自由，另一方面也意识到一种扎根的需要。她写道：“她的独立和偏好实际上根植于一种她对所有古怪事物的真正的激情。也就是说，她习惯于在那些表面看起来最自然和平凡的事物中看到一些值得注意的东西。”[7]阿伦特回到她自身内在的惊奇和热望，将之视为她存在的核心。最后，她思考了人从世界上消失的不可避免性，以此作结。

这种忧郁的感觉将贯穿阿伦特的一生，但它从没有减损她对存在的热望。她的忧郁让人想起亚里士多德视忧郁为气质的观点，它赋予其主人一种沉思式思考的天赋。

阿伦特写完《阴影》后，寄了一份副本给海德格尔，签名是“柯尼斯堡 i/PR.，1925 年 4 月，送给 M. H.[1] 的礼物”，另一份用简单的黑色封面装订后自己保存。[8]

在暑假结束后，她已经想得很清楚，她和海德格尔的关系是不堪一击的。她计划在第二年春天离开马堡，去往弗赖堡跟随胡塞尔读一个学期，然后到海德堡大学在卡尔 · 雅斯贝尔斯的指点下完成她的论文。

当阿伦特来到弗赖堡跟随胡塞尔学习时，她和海德格尔的关系还未彻底结束。海德格尔一直关注着她在海德堡大学的工作，并向卡尔 · 雅斯贝尔斯了解她的论文进展。1927 年，就是《存在与时间》出版那年，海德格尔约阿伦特在海德堡见面，但阿伦特告诉他自己没有时间。在《存在与时间》出版之前，阿伦特已经读过了手稿，从他们的通信可以看到，在书稿完成之前，海德格尔会把书中的片段寄给她，并要她也寄回她的文字片段。在好几封信中，海德格尔都谈道，对阿伦特的思念如何带给了他写作《存在与时间》的力量，然而，正是因为他把精力投入写作这本书，冷淡了阿伦特，才导致他们感情的裂痕愈来愈大。

海德格尔这一时期写给阿伦特的最后一封信，上面有“1932/1933 年冬”的字样。从信中，我们可以知道，阿伦特写信询问他参与纳粹活动的事情，海德格尔在回信中为自己辩护，列举了他和身边认识的所有犹太人和教过的犹太学生的关系。[9] 但是几个月后，1933 年 4 月 21 日，海德格尔被

---

[1] 马丁 · 海德格尔的首字母缩写。

选为弗赖堡大学的校长，他签署了一项命令，解雇所有非“雅利安血统”的教职工，包括他的导师埃德蒙德·胡塞尔。1933 年 5 月 3 日，他正式加入国家社会主义民主党。5 月 27 日，他发表了就职演讲，题为《德国大学的主张》，公开支持希特勒。11 月，他又发表了一次演讲，题为《支持阿道夫·希特勒和国家社会主义政体的宣言》。

1934 年 4 月 23 日，仅仅上任一年，他便辞去了校长职位。他最后的演讲被认为与国家社会主义工人党的路线不一致，被纳粹禁止传播。海德格尔在课堂上对政权的态度转为了批判，但到 1944 年，他被宣布为教职工中最“应该被抛弃”的一员。纳粹把他派往莱茵河挖沟渠，直至战争结束。“二战”结束后，德国被协约国占领，他因为参与纳粹活动，直到 1951 年才恢复教职。

在阿伦特的短篇随笔《狐狸海德格尔》中，她描述了海德格尔如何被自己的哲学思辨蒙住了眼睛。他没有看清形势，因为他在思想中给自己设了一个陷阱：“没有谁比一个终生坐在陷阱中的人更清楚这个陷阱的性质了。”[10]1946 年 7 月 9 日，在写给卡尔·雅斯贝尔斯的一封信中，阿伦特对海德格尔在战争年代的纳粹行径进行了反思，指出他应该为自己的行为负责。她对雅斯贝尔斯说，当他不得不在解雇所有非雅利安血统的教职工（包括胡塞尔）的文件上签字的那一刻，他就应该辞职。她写道：“因为我知道这封信和这个签字几乎害死他（胡塞尔），我就不禁把海德格尔视为一个潜在的凶手。”[11]之后的 17 年，阿伦特都没有再跟海德格尔联系过。[12]

* * *

阿伦特从未公开谈论过她和海德格尔的关系。她没有写过太多关于浪漫的爱情或者激情的文字，因为它们是非政治的。浪漫的爱情让我们脱离集体世界，进入二人世界。然而，对阿伦特而言，爱承载着一种伟大的救赎的力量。

在她最后一部作品《心智生命》中，她写到了“意志（willing）”的问题。“意志”是书中最难写的一个部分，也是一个与海德格尔的“此在”、爱，以及恶之问题直接角力的概念。阿伦特想要理解为什么有人会作恶，而有人会抗拒恶。在对“意志”的分析中，她转向圣奥古斯丁，他试图证明一位全知全能上帝的存在。他对恶之问题的回答是，恶是由人的不顺从导致的与善的分离。上帝没有制造罪恶，他容许它的存在，好让人类承担恶的后果。这也为耶稣基督的救赎创造了可能性。但阿伦特读圣奥古斯丁的作品并非为了证明上帝的存在。她甚至不相信灵魂的存在。对她来说，我们必须面对的世界只有一个，也正因此，她没有转向神圣的救赎，而是转向了一种爱的世俗概念。转化成意志的爱有一种重量，一种引力，可以塑造人的性格，让人习惯于在不同的行动中做出决定。她写道：“爱是灵魂的重量。”

在爱中，有三样东西：“爱的，被爱的，以及爱”。爱不是一个人对某个具体事物的感情，也不是一种过分的情感形式，而是在心灵之上留下印记的“脚印”和“理智的东西”。“就爱这件事来说，心灵变成一个可理解事物的永恒‘脚印’，不是那个爱人的人，也不是被爱的对象，而是第三个要素，即爱本身，两个相爱的人之间的爱情。”在意志向爱情的转化中，留下的是意志的力量。阿伦特写道：“要维护某个东西或某个人，没有比爱更强大的宣示方式了，即我愿你是你所是——Amo:Volo ut sis。”换句话说，只有这种爱能够带来心灵无法做到的事——永恒与救赎——而它需要强有力的表达。

《爱与圣奥古斯丁》

在弗赖堡跟随埃德蒙德·胡塞尔读了一学期后，汉娜·阿伦特注册进入海德堡大学，她将在那里完成她的论文，指导老师是卡尔·雅斯贝尔斯。雅斯贝尔斯的著作让阿伦特接触到一种全新的哲学思考方式，她开始对世界有了新的思考。海德格尔把思想视为一项孤独的活动，而雅斯贝尔斯对思想的探索则是对话式的，是多义性的。

阿伦特来到海德堡时，雅斯贝尔斯刚刚开始写作他三卷本的著作《哲学》，这个大部头将沟通置于哲学活动的中心。他的著作独树一帜，不同于当时的两大主流哲学流派：海德格尔的现象学和新康德主义。海德堡这座孕育了黑格尔和德国浪漫主义伟大诗人的城市，一直是哲学思想活跃的中心。社会学家马克斯·韦伯和他的妻子玛丽安娜在内卡河的另一边——旧城区（Altstadt）和大学的对面——开办了一个沙龙。

在那个年月，马克斯·舍勒、格奥尔格·齐美尔、恩斯特·布洛赫、格奥尔格·卢卡奇曾同时在这座城市的鹅卵石街道上走过，但是对雅斯贝尔斯的著作起到决定作用的，还是他与韦伯的关系。和雅斯贝尔斯一样，韦伯在哲学研究上也采取了跨学科的研究方法。他不仅对抽象思想的发展感兴趣，也对人的境况的本质，对社会思想和政治思想的跨界研究感到好奇。

雅斯贝尔斯完成了他的讲师资格论文（也是他的第二本书，并凭借此书获得教职），他成为一名执业心理医生，开设了关于社会心理学伦理和道德方面的课程。但是他的著作被认为哲学色彩太强，不会受到心理学家的严肃对待。所以，在快 40 岁时，雅斯贝尔斯决定从心理学跨到哲学，开始写作那部《世界观的心理学》。当这部作品于 1919 年出版后，他申请了海德堡大学的教职，并写信给那里一位著名哲学家海因里希·李凯尔特，他也是海德格尔的老师。但李凯尔特不仅拒绝帮助雅斯贝尔斯，还向学校抗议他的申请，理由是雅斯贝尔斯不是一位真正的哲学家。尽管有李凯尔特的阻挠，1922 年雅斯贝尔斯还是获得了海德堡大学哲学教授的职位。

对于雅斯贝尔斯来说，哲学是围绕鲜活的经验开展的。作为一位心理医生，他对科学知识的心理学感兴趣；作为一位哲学家，他对认识论感兴趣。也就是说，雅斯贝尔斯的存在主义哲学脱胎于 18 世纪末 19 世纪初的德国唯心主义传统，以及“自我意识”（selbstbewusstsein）。但是，他对哲学的理解比德国唯心主义所允许的要更加宽泛。这在雅斯贝尔斯和李凯尔特的辩论中有最清晰的证明，李凯尔特和马克斯·韦伯是同学。雅斯贝尔斯和海德格尔一样，对“存在”的问题也感兴趣，但是他的存在主义研究方法与海德格尔对现象学的理解有本质上的冲突。雅斯贝尔斯摆脱了康德和黑格尔的影响，转化了形而上学的本质问题。对他而言，世界是由现象组成的，这种现象化的现实与理解的范畴有关，而与宣称某个真相的科学知识的累积无关。雅斯贝尔斯追求的是他所谓的真正的知识。他提出的问题是：一个人应该怎样活在世上？为了回答这个问题，他把沟通、超越和自由置于他研究工作的中心。

雅斯贝尔斯的讲座并不是传递思想，而是“一种沟通方式”。[1] 就像柏拉图的《会饮篇》中苏格拉底和阿伽通的对话，他认为智慧不是某种可以在两人之间流动的东西，就像酒从一个满瓶倒进一个空杯。学问是需要通过对话的过程才能获得的。他对一种对人类经验的可能性保持开放的语言感兴趣，这要求一个人在对话中保持接纳能力。他那门关于德国唯心主义哲学家弗里德里希·冯·谢林的研讨课，其思维模式和思维过程都和哲学的本质问题有关。雅斯贝尔斯思考和教学的方法论受到了韦伯思想框架的影响，这个框架是关于思考理想类型、人类行为、文化现象和这种分类法的限制，以说明为什么人们会形成某种世界观——或者，说得更明白一些，是什么推动了人们去思考、行动，做出某种选择。对雅斯贝尔斯而言，答案要从面向世界的现实中寻找，而非从纯哲学思考的模式中。

雅斯贝尔斯哲学思想的核心要素给汉娜·阿伦特的作品打上了永久的烙印。在她思想概念的中心，是对话，或者说，是一个人和自己进行的“合二为一”的对话。跟随雅斯贝尔斯学习，意味着对于阿伦特来说，思想不再局限于一个隐藏的疆域。她关于神学家和哲学家圣奥古斯丁的论文将神学和哲学这两个学科联结起来，旨在理解邻人之爱作为在世上与他人为伴的一种世俗价值。

海德格尔在马堡和阿伦特在一起时，就在读圣奥古斯丁的《恩典与自由意志》。在他后来写给阿伦特的信中，谈到她写的《阴影》，他引用了奥古斯丁的话：

> 感谢你的信——感谢你接纳我进入你的爱——亲爱的。你知道这是一个人要忍受的最困难的事情吗？对于其他所有事来说，都有方法、帮助、限制和理解——就在这里，一切都意味着：在某人的爱中＝被强迫进入某人内心深处的存在。爱就是让对方如其所是地存在。奥古斯丁曾经说过：“我爱你——我愿你是你所是。”

因此，阿伦特的第一位传记作家伊丽莎白·扬-布鲁尔，猜测阿伦特题为《爱与圣奥古斯丁》的论文反映了她和海德格尔恋爱关系的终结。如果确实如此，这一点在文字中不是很明显，不过阿伦特的作品是关于邻人之爱，是属于世界的，不像浪漫的爱情，让人面向自己的内心。有研究阿伦特的学者觉得奇怪，一个年轻的犹太学生，先后跟随她那个时代最杰出的两位存在主义哲学家学习，居然会选择研究一个基督教主教和圣徒。许多年后，她的朋友汉斯·约纳斯被问到这个问题时说，“这样的选题在当时德国的大学并不稀奇”。[2] 他和阿伦特是1925年上海德格尔研讨课时的同学。约纳斯本人也曾来到海德堡写他的第一本书《奥古斯丁与保林的自由问题》(1930)。那时候，基督教哲学家如奥古斯丁、布莱兹·帕斯卡尔、索伦·克尔恺郭尔，都是热门的研究对象，关于基督教和现代性的问题也是应时的写作题目。

阿伦特的论文《爱与圣奥古斯丁》奠定了她作为独立思想家的地位，这也要归功于她的老师们和德国哲学的传统。在奥古斯丁对邻人之爱的概念中，阿伦特找到了一条面向鲜活经验的世界的途径。通过奥古斯丁对“爱”“贪爱”“圣爱”三个概念的区分，她理解了什么是“对世界的爱”(Amor Mundi)：“正是通过‘对世界的爱’，人明确地在世界上有归属感，而后渴望单单以世界作为判断自身善恶的标准。到那时才可以说人和世界变成了‘属世界的’。”[3]

在雅斯贝尔斯的帮助下，《爱与圣奥古斯丁》1929年由尤利乌斯·斯普林格出版，在学术界颇有影响。当时主要的刊物都刊登了书评，包括《哲学年鉴》、《康德年鉴》、《日晷》(*Gnomon*)、《德国文学家》。许多评论不是正面的。有的说她忽视了奥古斯丁的神学家身份。有的评论说她对“圣爱”做出了另类的解读。阿伦特写了一本关于圣奥古斯丁的书，却既没有查阅写圣奥古斯丁的文献，也没有研读研究奥古斯丁的学术著作，因为她并非要将奥古斯丁作为一个神学家来解读，也不是要呈现早期基督教思想的历史。她读奥古斯丁的《忏悔录》，是将其作为一个可以通过存在主义滤镜解读的文本，能够帮助她思考作为人类共同世界之组成力量的“多义性”和“邻人之爱”。雅斯贝尔斯的《生存哲学》让她学到，真正的存在和世俗性是分不开的。尽管受到恶意批评，阿伦特还是“因为她的独创性和洞察力，获得了满分”。

阿伦特直到20世纪50年代中期才回到她在《爱与圣奥古斯丁》中最初提出的观点，但她终其一生都在与奥古斯丁对话。诸如“新的开端”“邻人之爱”“世界之爱”这样的语言出现在《极权主义的起源》、《人的境况》、《论革命》、《艾希曼在耶路撒冷：一份关于平庸的恶的报告》（1963，以下简称《艾希曼在耶路撒冷》）、《过去与未来之间》、《心智生命》中。

1953年，阿伦特在研究“意识形态和恐惧”时，又转向奥古斯丁来思考“新的开端”，让读者瞥见了一丝审慎的希望：

> 但是仍然存在着一种真理，历史的每一次终结必然包含着一个新的开端；这种开端就是一种希望，是终结所能够产生的唯一“神示”。开端在变成一个历史事件之前，就是人的最高能力；从政治角度来说，它与人的自由是一致的。奥古斯丁说：“创造了人，一个开端形成。”这个开端由每一次新生来保证；这个开端确实就是每一个人。[4]

历史上每一个结束都标志着一个新的开始，它的结果是不可预测的。阿伦特于1929年发表了她的论文，1933年被迫逃亡时，她随身携带着论文的纸质版，结果在巴黎不小心把它丢进了一个浴缸，她一度以为这本论文就此遗失了，但幸运的是，她曾寄过一份给历史学家和犹太神秘主义哲学家格肖姆·肖勒姆，他答应寄还给她。

* * *

阿伦特在海德堡那一时期，发现了一个知识分子群体，认识了一些研究哲学和心理学的学生，并和他们成为朋友，其中有希伯来大学的一位心理学教授卡尔·弗兰肯施泰因，一位荣格心理学分析师埃里克·诺伊曼，以及一位表现派的评论家埃尔温·勒文松。1927年，在结束和海德格尔的关系后，阿伦特与大她近20岁的勒文松有了婚外情，持续了不到一年。他们之间的信写于1927年至1928年，以及战后时期，内容大多是关于他们的学术兴趣。尽管阿伦特被勒文松的诗意写作风格所吸引，但他情绪上的不稳定最终让她结束了这段关系。

不久，她就开始和本诺·冯·维泽与凯泽斯瓦尔道约会。他只比阿伦特大三岁，刚刚在卡尔·雅斯贝尔斯的指导下完成了关于弗里德里希·施莱格尔的论文。和海德格尔和勒文松不同，冯·维泽抱持积极入世的态度，是海德堡一位受人瞩目的知识分子和社会人物。他曾经研究过德国浪漫主义，跟随当时德国鼎鼎大名的文学教授弗里德里希·贡多尔夫学

德国海德堡，约 1928 年

左二起至右依次为胡戈 · 弗里德里希、汉娜 · 阿伦特和本诺 · 冯 · 维泽

习。冯·维泽带阿伦特去听贡多尔夫的讲座，把她引入浪漫主义文学的世界。阿伦特和冯·维泽一起参加沙龙，吸着金属管的烟斗，并开始写她的第二本书，主题是对德国浪漫主义的批判。尽管他们在学问追求上趣味相投，但冯·维泽认为阿伦特不适合作为妻子；他需要的是一个专注于家庭生活的妻子，可以照顾家庭，支持他的工作。在交往两年后，他们分手了，但是阿伦特仍继续她在犹太沙龙传统这个题目上的研究，同时准备写关于拉赫尔·瓦恩哈根的教授资格论文。

一个犹太女性的生活

1929年10月29日，华尔街的股票市场崩盘。这就是后来所谓的“黑色星期二”，全球金融市场随之一落千丈。“一战”后的德国经济极其脆弱，因为它是借助外国资本重建起来的，其中主要是美国贷款。此外，外国还对德国商品征收保护性关税，让偿还贷款成为不可能的事情。债台高筑的德国开始印更多钞票，导致恶性通货膨胀，也让德国马克加速贬值。此时，美国遭遇经济大萧条，要求德国立即偿还债务，这让德国经济濒于崩溃。随着德国经济陷于停滞，生产水平下跌，失业人口增加。通胀水平继续上升，中产阶级的资产快速蒸发。到1930年冬天，200多万德国人失去了工作。到1933年，三分之一的德国人失业。

在失业成本上升，政府开支过高的环境中，人们对民主的信心开始动摇。1930年春天，赫尔曼·米勒总理辞职，海因里希·布吕宁上台。1930年7月，布吕宁采取压缩政府开支、削减工资和救济金的措施来拯救经济，但是德国国会抵制他的做法，于是布吕宁请兴登堡总统援用德国宪法第48条，即总统有紧急状态权和独裁权。当年9月，纳粹党获得18.3%的选票，成为德国国会第二大党。1932年夏天，国家社会党的党员人数达到45万。阿道夫·希特勒抓住时机，发起了一场大规模的宣传活动，他要参加总统竞选，和兴登堡一争高下，他攻击魏玛共和国，同时许诺解散议会体系。在1932年4月举行的总统选举中，希特勒获得了36.8%的选票。5月底，布吕宁辞职，兴登堡任命了一名保守党人弗朗茨·冯·巴本为新任总理。在当年7月的国会选举中，纳粹党获得230个席位，成为第一大党，但是他们依然没有占据半数以上席位。11月，冯·巴本要求国会进行选举，目的是赢得多数席位。尽管纳粹党失去了34个席位，但冯·巴本不确定他能否通过不信任投票。一个月后，冯·巴本辞职，兴登堡任命库尔特·冯·施莱歇尔将军为总理。冯·施莱歇尔邀请格雷戈尔·施特拉塞尔担任他的副总理，但希特勒命令施特拉塞尔拒绝这一邀请。1933年1月30日，阿道夫·希特勒被任命为德国总理，冯·巴本担任副总理。[1]

* * *

那些年里，汉娜·阿伦特正忙于写一本书，也就是后来的《拉赫尔·瓦恩哈根：一个犹太女性的生活》（以下简称为《拉赫尔·瓦恩哈根》）。她少年时的朋友安妮·门德尔松一直在阅读拉赫尔·瓦恩哈根的书信，这些书信落入安妮之手实属偶然，一家书店破产，被迫处理库存，恰好被安妮看到。早在阿伦特去海德堡之前，安妮就给她介绍了瓦恩哈根的作品，当时阿伦特并不感兴趣，直到她开始研究德国浪漫主义。阿伦特跟安妮谈到她的工作，安妮便把她收藏的书信都转交给了阿伦特。

在瓦恩哈根身上，阿伦特找到了她“最亲密的朋友”和“一个有着真正激情本性的女人”。同时她也看到了浪漫个人主义、犹太同化和欧洲反犹主义的崛起对个体造成的威胁。和她的同辈不同，到1929年汉娜·阿伦特已经适应了德国正在展开的政治局势，这很大程度上是因为她对瓦恩哈根的研究。

拉赫尔对自己的认知是“一个无能之人和一个犹太女人”，她的大半生中，都在为了逃离自己的犹太身份而努力融入德国市民社会。为此，她在1814年嫁给卡尔·奥古斯特·瓦恩哈根·冯·恩泽后，甚至皈依了基督教。虽然容貌并不出众，但在她举办的沙龙上，她以高超的沟通能力而声名远扬。拉赫尔是歌德的崇拜者和朋友，喜欢探讨一些新的逃离现实世界的现代、浪漫的话题。她自己的文字大都以书信形式呈现，体现了当时高涨的自省意识。

阿伦特想要以自己的方式来讲述拉赫尔的故事，抛弃时间顺序和历史主义话语。在这部传记中，没有材料的堆砌，我们能听到的是拉赫尔的声音和阿伦特的看法。拉赫尔的书信是她的丈夫卡尔·奥古斯特在她去世后编选的，阿伦特使用的写作素材就来自这些书信，以及普鲁士国家图书馆所藏的未出版的材料。拉赫尔·瓦恩哈根是德国第一位作为著名思想和政治人物的犹太女性。她于1771年生于柏林，后来主持了欧洲最负盛名的沙龙，吸引了伟大的德国浪漫主义诗人和思想家前来，包括弗里德里希·施莱格尔、弗里德里希·谢林、亨里克·斯特芬斯[1]、弗里德里希·施莱尔马赫、威廉·冯·洪堡特和路德维希·蒂克[2]。尽管她没有写过一部重要作品，但她在身后留下了超过6 000封书信。

阿伦特写过一篇题为《瓦尔特·本雅明》的随笔文章，其中将本雅明的风格描述为“将文字从它们各自的语境中撕裂下来，重新组织，似乎让它们彼此互证，能够以自由流动的风格来证明它们存在的理由”。阿伦特也是这样来写拉赫尔的传记，将大段的引用和释经编织在一起。综合运用了文学蒙太奇、幻境和心理映射的拉赫尔传记，在阿伦特的作品中独具一格。1958年，英国小说家西比尔·贝德福德对这本书进行了评论：“一本极其抽象的书——叙事缓慢、线索凌乱、静态、奇怪地令人窒息，阅读它简直如坐针毡。读者被驱使着去感受主题，那个正在等待的、心烦意乱的女人；读者被迫（几乎是在生理上）感受到她强烈的女性气质，她的沮丧。”2 当我们理解了阿伦特写作拉赫尔的方式，读到这个评论，会

---

[1] 亨里克·斯特芬斯（Henrik Steffens，1773—1845），挪威裔德国哲学家、神学家、博物学者和诗人。

[2] 路德维希·蒂克（Ludwig Tieck，1773—1853），德国浪漫主义运动早期的作家、批评家。

认为阿伦特成功实现了她的意图。

❊ ❊ ❊

在阿伦特1933年逃离柏林前，她已经完成了《拉赫尔·瓦恩哈根》的前11章。直到1938年夏天，她在第二任丈夫海因里希·布吕歇尔和朋友瓦尔特·本雅明的催促下，才完成了最后两章，但她直到战后为了出版才重看这个文本。[3] 阿伦特为这本书想的第一个书名是“从拉赫尔·瓦恩哈根的一生看德裔犹太人的同化问题”。和她那本写奥古斯丁的作品一样，阿伦特本来以为这本专著弄丢了，但幸亏克特·菲尔斯特（阿伦特的表弟恩斯特的妻子）在战争开始前，随身带了一本到巴勒斯坦。1945年这本书的手稿回到了阿伦特手中。

诗人赫尔曼·布洛赫[1]说，阿伦特的《拉赫尔·瓦恩哈根》是“一种新形式的传记”，像“一面哥白林挂毯”（a Gobelin tapestry）那样编织在一起。他认为，阿伦特的叙述像是一种情爱记录，勾勒出拉赫尔的几段情史。他说这本书在某种意义上是一种“抽象的情欲之作”。1952年，当卡尔·雅斯贝尔斯第一次读到这本书稿时，他没有对文本进行正面评价，而是鼓励阿伦特“在意愿和环境容许的范围内重写整本书稿”。他担心这部作品无法反映阿伦特的思想才智。[4] 阿伦特

---

[1] 赫尔曼·布洛赫（Hermann Broch，1886—1951），奥地利作家，他把长年钻研的群体心理学和政治理论应用于文学创作，米兰·昆德拉将他与卡夫卡、罗伯特·穆齐尔和维托尔德·贡布罗维奇视为中欧最伟大的四位小说家。

对雅斯贝尔斯的反应并不感到奇怪。她承认这本书的写作因为战争被打断，因而显得斑驳断裂。当她在流亡中回过头来写这本书的结尾部分时，她是从犹太复国主义对同化的批评角度来写的，但后来她又远离了这个观点。她跟雅斯贝尔斯这样说道：

> 那种批评和它所批评的对象，在政治上是同等幼稚的。就个人而言，这本书在很多方面让我感到陌生，可能这也是我现在对它感觉尤为陌生的原因，特别是它的语气，它的思考方式，但就其中犹太人的经验而言，我依然可以毫无困难地感同身受。[5]

《拉赫尔·瓦恩哈根》晦涩的行文风格让人很容易忽视阿伦特对德国浪漫主义和启蒙运动的批评。她对拉赫尔的内省和逃离欲望的批判，也是对浪漫主义影响下的那种个人主义的批判。

阿伦特对圣奥古斯丁《忏悔录》的研究，给她提供了一个框架，思考面向世界意味着什么。同样地，拉赫尔·瓦恩哈根的信件也给阿伦特提供了一个框架，思考那种让人脱离现实世界的个人主义。就在这种倾向社会同化的高涨的个人主义浪潮中，阿伦特看到了正在德国蔓延的反犹主义的早期种子。

阿伦特所著的这部传记的核心，就是拉赫尔临终前说的那句话：“我这一生中对我来说似乎最感羞耻之事，也是我生活的痛苦和不幸——就是我生来就是一个犹太女人——而我现在绝不后悔如此。”拉赫尔在认同自己犹太身份上的挣扎，也反映了德国消除犹太人传统的同化程度。在她的分析中，阿伦特对“新贵”“贱民”和“自觉贱民”做了区分。贱民指因为身份特殊被社会排斥的人；自觉贱民是那些对自己的“他者”地位有自觉意识，并骄傲地带着这一标签在世间行走的人。对于阿伦特而言，自觉贱民的身份定位是唯一的选择，它是一种反抗同化浪潮的方式。

＊ ＊ ＊

1929 年 1 月，在柏林民族学博物馆举办的一场新年化装舞会上，汉娜 · 阿伦特遇见了君特 · 安德斯（施特恩）。安德斯是一位风度翩翩、肤色黝黑的绅士；阿伦特装扮成一位穿着阿拉伯服装的女孩。这场舞会名为“巴黎舞会”，是由安德斯所在的马克思主义团体举办的，目的是筹款办一本刊物。他们在四年前就认识，是马丁 · 海德格尔“时间的概念”研讨班上的同学，但当时彼此并不熟悉。海德格尔的妻子不喜欢安德斯，因为他是犹太人，海德格尔在他的信件中也抱怨过安德斯，措辞严厉，说他是“最糟的学生之一”。[6] 安德斯曾经给海德格尔写过一封信，承认在他发表的一篇论文中，他无法把海德格尔的观点和他自己的观点分清楚，而海德格尔则认为，安德斯是在剽窃他的思想。

阿伦特去世后，安德斯写了一本小书，名为《樱桃战役》，其中描述了他们是如何确定关系的：“我是在一次舞会上跳舞时赢得阿伦特的心的；我说，爱情是这样一种行为，把偶然遇见的另一个人，从后验的变成自己生命中先验的。当然这个美丽的公式没有得到证明。”[7]在约会一个月后，阿伦特和安德斯搬到了一起，那年9月，他们举行了小型的世俗婚礼，结为夫妇。

后来，当朋友问起安德斯身上什么吸引了她时，阿伦特告诉他们，安德斯是一个“善良、温柔的男人”。他们在舞会相遇后不久，阿伦特犯了咽炎，病倒了，安德斯“带了一篮子柠檬来看她，和她聊天，让她心情愉快”。在《樱桃战役》中，安德斯描述道，那个时候的阿伦特“深刻、高傲、愉快、盛气凌人、容易伤感，随时准备好跳舞”。[8]阿伦特的母亲很喜欢安德斯，这也推动了他们的关系。安德斯来自一个传统德裔犹太人家庭，他本身是一个社会主义者，玛尔塔和他相处愉快。[9]安德斯的父母是威廉·施特恩和克拉拉·施特恩，他们是著名的儿童心理学家，出版过一本有名的育儿书籍《0到6岁儿童心理学》(1914年第一版，1924年英文版问世)。这部著作建立在克拉拉对她的孩子们生命前六年的观察日记之上。施特恩夫妇还是智商(IQ)发展研究的核心人物。

和阿伦特一样，安德斯本来过着幸福的中产阶级童年生活，结果第一次世界大战爆发，被迫背井离乡。在战争年代，他和几千名学生一起，参与了为西线作战的德方军队提供救助的工作，他们在一个准军事组织，为远在法国的德方军队收割庄稼。在高中学业后，他在汉堡跟随新康德学派哲学家恩斯特·卡西尔和艺术史家欧文·潘诺夫斯基学习。他曾在

约 1929 年，汉娜 · 阿伦特和君特 · 安德斯（施特恩）

慕尼黑短暂地跟随海因里希·沃尔夫林学习了一段时间，而后去到柏林跟随心理学家爱德华·施普兰格尔、沃尔夫冈·柯勒和马克斯·韦特海默学习，最后去了弗赖堡大学，在埃德蒙德·胡塞尔指导下写论文。1926 年，当他在海德格尔的研讨班上初识阿伦特时，他正在写那篇讲师资格论文，同时为马克斯·舍勒做助理。[10]

* * *

阿伦特和安德斯接受了相似的哲学训练，都曾跟随胡塞尔、海德格尔和雅斯贝尔斯学习。这种共同的背景使得他们很容易走到一起。安德斯帮助阿伦特修改她的论文，以便出版，阿伦特给他的文字做校对；他们还合写了一篇文章，内容是关于赖纳·马利亚·里尔克的《杜伊诺哀歌》。

在出版生涯之初，君特·施特恩用的笔名是安德斯。有两个记录解释了他为什么改自己的姓氏。一个来自伊丽莎白·扬-布鲁尔，一个来自汉斯·约纳斯。根据扬-布鲁尔的说法，君特曾跟诗人、剧作家贝托尔特·布莱希特一起撰写电台广播的脚本，布莱希特非常欣赏他的文笔，于是联系朋友赫伯特·耶林[1]为他谋职，最后他顺利受雇成为《柏林信使报》的一名职业记者。很快君特便写出了大量文章，编辑请他用一个笔名，以便让读者认为是多个作者所写。但是，

[1] 赫伯特·耶林（Herbert Ihering，1888—1977），最有影响力的德国戏剧批评家之一，活跃于威廉二世统治末期至魏玛共和国时期。

按照汉斯·约纳斯的说法，君特用笔名是因为施特恩这个姓氏很容易让别人联想到他名气大的父母：“有人对他说：‘你可以起个别的（anderen）名字。’他回答说：‘好吧，那我就叫自己安德斯（Anders）吧。’”[11]

1929年9月，婚礼过后，阿伦特和安德斯搬到法兰克福，方便安德斯在法兰克福大学社会研究所跟随保罗·蒂利希撰写自己的讲师资格论文。到法兰克福后不久，安德斯向蒂利希、特奥多尔·阿多尔诺、马克斯·霍克海默尔、马克斯·韦特海默和卡尔·曼海姆介绍了他的研究计划。起初大家的反馈都很积极，阿多尔诺建议他集中研究音乐哲学。第二年，阿伦特和安德斯搬到了法兰克福美因河附近一个教堂司事的小别墅，各自撰写自己的讲师资格论文。但是，1930年安德斯提交他的论文后，蒂利希和阿多尔诺都不满意。安德斯的论文受到马丁·海德格尔的影响，鉴于当时风云变幻的政治局势，他们建议安德斯等到“纳粹狂热”平息之后，再提交论文。[12]

安德斯的论文未能通过，阿伦特将之归咎于阿多尔诺。第一次见面时，她就对他很反感。在她和安德斯搬来法兰克福后不久，安德斯提议邀请阿多尔诺到家里吃晚饭，阿伦特回应道：“那个人是不能到我们家里来的！（Der kommt uns nicht ins Haus！）”安德斯的论文被拒，进一步证明了她的反感是有理由的。阿伦特对阿多尔诺的敌意既是私人层面的，也是哲学层面的。她不喜欢所谓的法兰克福学派和他们的批判理论思想。马克斯·霍克海默尔的文章《传统理论与批判理论》可以解读为这个研究所的方法论宣言，他指出，批判理论的作品旨在通过审视塑造世界的底层社会关系，从整体上改造社会。

阿伦特来自不同的思想传统。阿多尔诺和霍克海默尔抛弃了现象学这一给人们体验存在奠定本体论基础的传统。影响她的有亚里士多德的政治学概念、伊曼努尔·康德对理性和判断力的理解、海德格尔的现象学和雅斯贝尔斯的存在主义。阿伦特思想中的这些因素与阿多尔诺的马克思主义经济学、黑格尔辩证法和对社会心理学的偏好是不可调和的。[13]

尽管阿伦特对社会研究所很反感，但她和保罗·蒂利希的私交很好，他们的关系一直延续到她去美国之后，另外，她在研究所参加了卡尔·曼海姆的研讨班，和他也保持着合作关系。1929年，曼海姆的《意识形态与乌托邦》出版后，阿伦特写了一篇评论文章，发表在一份重要的社会主义刊物《社会》上。刊物编辑鲁道夫·希尔弗丁是阿伦特母亲的朋友，他认为这本书的论点对社会主义造成了威胁，所以想约一篇对这本书的批判性评论文章。阿伦特的文章聚焦于曼海姆对思想的观点。她问道："如果思想是由社会经济环境决定的，那怎么能说思想会无视环境？如果思想可以无视实际情况，那么它的根源一定在别处；那也就意味着思想不只是行动的奴隶。"[14]这个观点也体现在后来阿伦特对《人的境况》的构思以及对"思考"的研究上，显示了思考这种活动必须植根于世界经验（worldly experience）。

安德斯花两年时间写了讲师资格论文却未能通过，最终离开了社会研究所，和阿伦特回到了柏林。他们在法兰克福时期，阿伦特一直在做德国浪漫主义的研究，同时在《法兰克福时报》做自由撰稿人。为纪念奥古斯丁逝世 1 500 周年，她发表了一篇题为《奥古斯丁和新教》的短文，还为爱丽丝·吕勒－格斯特尔的《当代妇女问题》（*Das Frauenproblem der Gegenwart*）写过一篇评论文章。后来到美国，在妇女解放运动的高潮期，阿伦特写道，她"发誓"永远不碰妇女解放的问题。但是在评论吕勒－格斯特尔的作品时，她正面表明了自己的态度：

> 尽管今天女人在法律上享有和男人同等的权利，但社会对她们的价值评判并不平等。从经济方面来说，她们的平等体现在，很多时候女人和男人从事同样的工作，薪酬却要低得多。如果她们要享有和男人同等的薪酬——和她们的社会价值相符——那么她们就会失去工作……职业妇女的一般情况要复杂得多。她名义上享有法律上的平等，但她不仅要接受较低的工作薪酬，还要继续承受和她的新职位无法调和的社会和生理意义上的重担。除了在外工作，她还必须照顾家庭，抚育孩子。因此女人要在社会上自立，就意味着她要么忍受家庭的奴役，要么让家庭分崩离析。[15]

阿伦特不是反对女性争取社会和经济上的平等地位，她反对的是“女权运动”的意识形态色彩。阿伦特认为，职业女性是一个经济事实，一场政治运动无法照顾到女性生活的特殊性和复杂性。也即，女性受到的不公平对待是一个社会特征，必须通过更广泛的政治变革来纠正。阿伦特的立场和1912年罗莎·卢森堡的一篇文章中的观点相同，那篇文章题为《女性选举权和阶级斗争》。和卢森堡一样，阿伦特以自己的女性身份为傲。但是，不能因为生而为女人，就必须参与女性解放运动。对于阿伦特和卢森堡而言，女性受到的不平等对待是一个经济问题，反映了需要解决的更为宏大的社会和经济问题。让女性参与政治运动的尝试，被视为是对性别差异的抹杀。女权运动的目标不应是让女性在社会上与男性平等，因为男性和女性本质上是不同的；它的目标应该是纠正两性在经济上的不平等地位，因为女性在经济上处于弱势地位，这一点让她无法参与到政治中去。1966年，阿伦特就J. P. 内特尔撰写的罗莎·卢森堡传记写了一篇书评，其中批评了内特尔不理解卢森堡在妇女问题上的立场：

> 内特尔强调了她性格中的另一面，但他似乎并不理解其中的意味；那就是，她有强烈的“女性自觉意识”。这本身就给她造成了限制，不然她的雄心可能会让她取得很大成就——内特尔对她的期待，不会超越他对一个拥有她的天赋和机会的男人的期待。她对女性解放运动的反感是值得注意的，和她同时代的所有女性和政治理念都被席卷其中；

> 就妇女争取选举权的问题，她可能会想说，差异万岁（vive la petite différence）。她是一个局外人，不仅因为她是一个波兰裔犹太人，一直待在一个自己不喜欢的国家，对自己参加的党派也很快产生了鄙视，而且因为她是一个女人。当然，内特尔先生的男性偏见必须得到原谅。[16]

随着魏玛共和国的灭亡，德国国内反犹主义高涨，社会和政治环境发生变化，阿伦特进入了柏林政治高等学校，她在那里认识了阿尔贝特·萨洛蒙[1]和西格蒙德·诺伊曼[2]。在1931至1933年间，阿伦特也开始大量阅读卡尔·马克思和列昂·托洛茨基的作品，同时和朋友库尔特·布卢门菲尔德走得很近。布卢门菲尔德和阿伦特会长时间讨论犹太复国主义的话题，同时吸着黑色哈瓦那雪茄，安德斯讨厌他们吸烟。他不赞成阿伦特的"男性"行为，认为她和男人一起吸烟管和雪茄是很不得体的，是布卢门菲尔德带坏了她。随着阿伦特对政治越来越感兴趣，她和安德斯的婚姻开始解体。他不喜欢她的特立独行，而她不喜欢他的不赞成。

---

[1] 阿尔贝特·萨洛蒙（Albert Salomon，1891—1966），杰出的犹太裔德国社会学家。

[2] 西格蒙德·诺伊曼（Sigmund Neumann，1904—1962），德国政治学家、哲学家。

1925年8月，库尔特·布卢门菲尔德在普鲁士柯尼斯堡

转向政治

1929 至 1933 年，汉娜 · 阿伦特结束了与马丁 · 海德格尔的关系，写作并出版了她的论文《爱与圣奥古斯丁》，开始撰写《拉赫尔 · 瓦恩哈根》，和她的第一任丈夫君特 · 安德斯结婚又离婚，后又被迫流亡。那些年里，与许多朋友和熟人不同，阿伦特开始习惯身边发酵的极端政治局势。1933 年 2 月 27 日，当她看到熊熊烈火中的国会大厦，她知道自己必须行动了。许多年后，她说："从那一刻起，我感觉自己是有责任的。也就是说，我再也不能只做一个旁观者。"[1]

在"国会纵火案"之后，阿道夫 · 希特勒使用暴力，侵犯公民人身自由，剥夺人权，这让阿伦特清醒地认识到，她必须离开德国。这也让她清楚地认识到，她必须离开哲学学术圈，以直面当下的政治形势。哲学原本被认为可以让人以恪守道德的标准来行动，但这一点在现实的考验下失效了。

在面对纳粹化时，知识分子并没有比其他人准备得更好，采取勇敢的行动。“政治配合”（gleischschaltung）变成了规则。教授和知识分子选择保住自己的职位，而不是反抗。

1946 年，她在《评论》杂志发表了《地狱的形象》一文，其中谈到德国一些学者如何为自己的投降辩护：

> 如果有人想了解希特勒统治下普通德国教授的真正面目，他应该读一读弗赖堡大学历史教授格哈德·里特尔坦率的自白，就是他于 1946 年 4 月出版的《政治学评论》。这位反纳粹的教授将真正的想法藏在心里，对外界发生的事情了解如此之少，以至于他只能感到“希特勒的帝国机器……运转得不太好”。他如此专注于“更深沉的思想生活”，忙于阻止“不可避免的损害变得不可控”，如此相信他有机会“发表……关于历史政治问题的独立观点”——虽然“身为教师的自由受到某些不可逾越的限制”——以至于当盖世太保决定利用他作为海外宣传的工具时，他大吃一惊。[2]

阿伦特在这段文字中的讽刺口吻，对于她对判断力的理解是重要的，也是她早期关于大屠杀文章和后来写《艾希曼在耶路撒冷》时的风格。讽刺形成距离感，在幽默中暴露出逻辑上的荒唐。阿伦特拒绝去理解不可理解之事；她的口吻是通过形式提出批判。如果要写非常严肃的事情，就要非常严肃地全方位地看待一些不合逻辑和骇人听闻之事。面对那些作恶之人，拥有大笑的能力是必要的，因为有时笑声是一个人宣示尊严的唯一方式。当面对这种罪恶时，阿伦特还记得她第一次遭遇反犹主义时母亲告诉她的话："如果一个人因身为犹太人遭到攻击，就必须作为犹太人来保卫自己。不是作为一个德国人，不是作为一个世界公民，不是作为一个人权卫士，或者其他身份。"[3] 对于阿伦特来说，问题很清楚："我作为一个犹太人具体能做什么？"她搁置了拉赫尔·瓦恩哈根的传记手稿，但不无讽刺地发现，1933 年是拉赫尔逝世 100 周年。

* * *

1933 年 3 月，国会大厦被焚毁不久，君特·安德斯得知盖世太保没收了贝托尔特·布莱希特的通讯簿，决定离开柏林。左翼人士担心盖世太保会利用通讯簿在全城搜捕共产党员。安德斯去了巴黎，阿伦特留在柏林，并把他们位于布赖滕巴赫广场附近奥匹茨街道上的寓所贡献出来，作为帮助共产党人逃跑的地下中转站。她的母亲玛尔塔和侄女埃尔泽·阿伦过来帮她，为家里 24 小时来来去去的陌生人提供掩护。阿伦特让母亲和侄女负责接电话，玛尔塔还利用她在政治组织方面的人脉关系，收集左翼团体被捕的消息。合法性已经无所谓了。在这种环境下，关于是非对错的旧道德标准已经无法用来指导思考和行动了。对于一个有良知的人来说，唯一的出路就是变成"不法分子"。

她的朋友、犹太复国主义组织者库尔特·布卢门菲尔德，请她到普鲁士国家图书馆去，为德国的犹太复国主义组织收集报纸、刊物和演讲中的反犹主义言论。这在当时是一种非法行动，纳粹分子称之为“恐怖宣传”。收集来的文章被送给国外媒体机构和各国领导人，证明在德国反犹主义已经蔓延到何种程度，并在那年夏天布拉格召开的第18届犹太复国主义大会上使用。阿伦特在普鲁士国家图书馆待了好几个星期，浏览各种专业俱乐部、机构的报纸文章和声明，收集反犹言论。一天下午，她离开图书馆，正要和母亲一起用午餐时，被捕了。一名图书馆员把她不寻常的阅读行为报告给了盖世太保。“一个学者要这么多报纸做什么用呢？”

逮捕阿伦特的是一位年轻警官，他把阿伦特和她的母亲带往亚历山大广场的警察局进行问讯。路上，阿伦特抱怨说她只剩几根香烟了，问是否可以中途停下再买一些。这位警官停下车，给她买了几包烟，还告诉她怎么能偷偷带进牢房。警察搜查了阿伦特的公寓，另外一个警官把玛尔塔也带到警察局，进行单独审问。警察从玛尔塔嘴里什么也问不出来，她以一个母亲的直觉回答：“我不知道她在干什么，但她所做的一定是对的，我也会做同样的事。”[4]

警察在阿伦特的公寓唯一找到的就是一堆笔记本，他们把笔记本带到警局，讯问阿伦特其中的内容。他们盘问了几天笔记本中记录的文本的意义，问她那是不是什么密码。阿伦特努力让他们相信上面是希腊文。他们找到的是她的一堆哲学笔记本。

阿伦特在接受记者君特·高斯的采访时，将这次被捕描述为“非常幸运”。她很清楚许多被捕的人会被扔进地窖、杀害或者送往集中营。

> 我在警察局待了8天后被释放，因为我跟逮捕我的警官成了朋友。他是个魅力四射的小伙子，刚刚从刑警队提拔进警局。他不知道要做什么，该做什么。他跟我说：“一般情况下我面对一个犯人，翻翻档案就知道他犯了什么事。但是我该如何处理你呢？”……很遗憾，我必须向他撒谎。我不能暴露组织，所以就编了一些荒诞不经的故事。他说：“是我把你抓进来的，我一定会把你送出去。不要请律师！犹太人现在没多少钱。省点钱吧！”同时，组织给我雇了一个律师。当然是通过它的成员。但我把这位律师送走了，因为他看起来很害怕，而逮捕我的那个人看起来开放又正派，我感觉信任他的胜算更大。[5]

第二天，汉娜和她母亲玛尔塔就逃离了德国，走之前跟她们的朋友道了别。阿伦特，这个在父亲葬礼上还能因为美妙的音乐而流泪的女孩，知道即使在黑暗时期也永远都有光亮。她被释放的当晚，用安妮·门德尔松的话说，是她们一生中“喝得最醉的一次”。[6]

第二天早晨，她们步行离开时，随身带的东西很少：毕

1933 年，汉娜 · 阿伦特德国护照中的照片

业文凭，出生证，结婚证和死亡证明，一本《拉赫尔 · 瓦恩哈根》的手稿，还有阿伦特在 1923 至 1926 年写的 24 首诗。她们取道厄尔士山脉前往布拉格，难民们称厄尔士山脉为“绿色前线”。左翼人士在那里建了一个边境联络站网络，帮助人们逃跑。汉娜和玛尔塔被引导去卡尔斯巴德联络站，站点所在的那户人家的房子前门在德国，后门在捷克斯洛伐克。她们是下午到的，吃过晚餐，晚上就从后门离开了。[7]

在布拉格短暂逗留后，阿伦特和玛尔塔来到日内瓦，见了玛尔塔的一个朋友，名叫玛尔塔·蒙特，她为国际联盟工作。她帮助阿伦特在国际联盟的劳工部找了一份临时工作，具体是在国际旅行事务部做文书。她工作完成得非常出色，后来还被犹太事务局雇用，记录意第绪语演讲，但是她不想留在日内瓦。安德斯和布卢门菲尔德已经去了巴黎，几个月后，她安排母亲安全返回柯尼斯堡，之后也前往巴黎和他们会合。

『我们这些难民』

阿伦特来到巴黎后，不懂法语，也没有证件，这意味着她不能租公寓，也不好找工作。和许多难民一样，阿伦特和安德斯要在旅馆之间辗转。他们的第一个住址是位于图利耶大街 9 号 5e 的苏夫洛宾馆。她找到的第一份工作是在香榭丽舍大道上的“农工技艺协会”。这个组织的领导者是法国政治家朱斯坦 · 戈达尔，他也是法国 - 巴勒斯坦委员会的领袖。这个组织为年轻的犹太难民提供农艺和手工艺方面的培训，为他们未来在巴勒斯坦的生活做准备。阿伦特除了为这些学生移民联系衣物、药品和出国文件，还负责安排夜班课程，讲授犹太历史、希伯来文和犹太复国主义。

阿伦特利用她在农工技艺协会的职位雇用了一些犹太移民同胞，包括意第绪语诗人和作家沙南 · 克兰波特，他们结下了持续终生的友谊。克兰波特不是犹太复国主义者，但他是一位政治活动家，阿伦特还另外付酬请他教自己希伯来语和意第绪语。他问阿伦特为什么想学习希伯来语和意第绪语，她回答："我想了解我的同胞。"对于阿伦特而言，学习自己同胞的语言很重要，因为她"想要做实际的工作。只做和犹太人相关的工作"。再后来，在她写给第二任丈夫海因里希·布吕歇尔的一封信中，阿伦特骄傲地宣称，她是世界犹太复国主义大会上唯一一个懂意第绪语的德国犹太人。[1]

这份工作也让阿伦特可以供养家庭，让君特·安德斯可以专注创作他的小说《莫洛索斯的地下墓穴》(*Die molussische Katakombe*)，一部关于法西斯主义乌托邦的讽刺作品。小说手稿曾被盖世太保没收又归还，贝托尔特·布莱希特把它救了下来。那些官员拿到手稿后只看了封面，上面画着一幅神奇的法西斯岛屿的地图。布莱希特把小说给了安妮·门德尔松，安妮用干酪包布把它包起来，和一些烟熏火腿一起挂在阁楼里。后来阿伦特从柏林到布拉格，再到日内瓦，最后到巴黎，一路上一直带着这本假扮成熏肉的书。[2]

流亡中的阿伦特认识了存在主义哲学家让-保罗·萨特，西蒙娜·德·波伏瓦和阿尔贝·加缪，她和阿诺尔德·茨威格[1]和贝托尔特·布莱希特住在同一条街，他们在街上一家咖啡馆一起度过许多时光。安妮·门德尔松搬到了巴黎，和埃里克·魏尔结了婚；汉斯·约纳斯去拜访过他们，他们和

[1] 阿诺尔德·茨威格(Arnold Zweig，1887—1968)，德国作家，反战和反法西斯主义积极分子。

安德斯的远房表亲瓦尔特·本雅明过从甚密。阿伦特和安德斯曾在柏林见过本雅明，尽管住得不远，但交往不多。本雅明是在1933年3月18日前后逃离柏林的，他在巴黎待了几周，然后到西班牙的伊维萨岛旅行了几个月，之后又去了尼斯，1933年10月返回巴黎。当阿伦特在巴黎初见本雅明时，他正在写《柏林纪事》和《1900年前后柏林的童年》。和阿伦特不同，本雅明对巴黎很熟悉。多年来他经常在巴黎小住，还曾考虑在这里永久定居，虽然格肖姆·肖勒姆一直在劝他迁往巴勒斯坦。

阿伦特和本雅明的关系持久地影响了她的生活和工作。1934年4月27日，她参加了本雅明在法西斯主义研究院发表的题为《作为生产者的作者》的演讲，这篇演讲稿是他那部写史诗戏剧的作品的姊妹篇，其中探讨了写作和政治的关系。流亡的难民聚集在一起，形成了一个生机勃勃的知识团体。亚历山大·科耶夫在巴黎高等实用学院讲授有关黑格尔的课程，前来听讲的就有萨特、乔治·巴塔耶、雷蒙·阿隆、莫里斯·梅洛-庞蒂、亚历山大·柯瓦雷、安德烈·布勒东、雅克·拉康、阿伦特和安德斯。[3] 阿伦特对科耶夫的黑格尔研究并不欣赏。她给一个朋友写信说："科耶夫真的认为哲学到黑格尔就走到了尽头，他的言行都是基于这一信条。他从未写过一本书，甚至那本黑格尔的书也不是他自己写的。"阿伦特不认同科耶夫对黑格尔的解读，这也是受海德格尔的影响，但是她看到这一解读的重要性，就是将主从辩证法作为黑格尔《精神现象学》（1807）的核心。后来她在研讨班上教授黑

20 世纪 30 年代，阿伦特在巴黎的咖啡馆

格尔哲学时就以科耶夫的作品作为教材。

1934年11月，阿伦特向学术援助委员会申请帮助。这个机构是由威廉·贝弗里奇在1933年5月创立的，致力于帮助逃出纳粹德国的学者在英国等国家找到教职。阿伦特在她的申请文件上，这样描述她的研究领域："奥古斯丁之前的基督教历史，从莱辛至1848年的德国文学社会历史、犹太解放历史和反犹历史。"她写道，她是一个自由派犹太人，可以流利地阅读英文，但没有练习口语，她对想去的国家排序如下：英国、美国、巴勒斯坦。在她的简历中还有卡尔·雅斯贝尔斯、马丁·海德格尔、马丁·迪贝柳斯、阿诺尔德·茨威格写给德国科学紧急协会的推荐信，帮助她获得奖学金来完成研究论文。从现存的档案资料来看，他们似乎想帮助阿伦特进入伦敦政治经济学院。卡尔·曼海姆在给伦敦政治经济学院的信中写道，他很了解阿伦特，后者是他在海德堡和法兰克福时的学生。曼海姆的话在他其他的信中也得到重申："阿伦特博士是年青一代中天赋最高的人之一。"他恳求他们帮助她完成她的研究工作。

但是录取通知一直没有来，阿伦特只得继续留在巴黎。后来的1942年，在她写给美国的援助外国流亡学者紧急委员会的申请信中，她描述了自己在巴黎近八年的经历：

> 除了实际的社会工作，我也得以继续自己的研究工作，完成了拉赫尔·瓦恩哈根的传记，作为德国犹太人同化问题状况的案例研究。我收集了反犹

瓦尔特 · 本雅明，吉赛尔 · 弗伦德拍摄于 1934 年

约 1935 年，阿伦特在巴黎

历史的材料，在各个法国俱乐部、学会和巴黎（为难民开设）的“德国大学”中讲这个题目。[4]

在农工技艺协会工作了一段时间后，阿伦特被热尔梅娜·德·罗斯柴尔德男爵夫人雇用，负责监管她向犹太慈善机构捐助的善款，调研潜在的受援机构，确保她的钱得到了合理使用。罗斯柴尔德家族的人喜欢阿伦特，但阿伦特并不喜欢他们。她认为他们是“攀附者”（parvenus）——最糟糕的那种犹太人——没有任何真正的政治意识，一心只想向上爬。罗斯柴尔德男爵夫人最喜欢的慈善机构是儿童之家，“她过来视察时喜欢佩戴着珠宝，穿着罗斯柴尔德家族标志性的红色丝绸衣服，乘坐的豪华汽车里装满玩具和糖果”，这样孩子们会感觉“他们被挑选出来是一个奇迹”。[5] 阿伦特谈到男爵夫人时口气是绝望的，但后者并没有意识到她的不屑。

阿伦特对“局外人”和“攀附者”的区分是源自她对拉赫尔·瓦恩哈根的研究。1943 年，在她为一份小型犹太杂志《烛台》（*Menorah*）写的文章《我们这些难民》中，阿伦特重新谈到这一区分，在“局外人”和“攀附者”之间划了一道明确的界线。

* * *

阿伦特在文中刻画了一位科恩先生，来说明“攀附者”这类人物的形象。科恩先生这个形象是基于战乱岁月她在巴黎的一段经历。一个人曾创立了一个移民团体，“其中的德国犹太人向彼此坚称他们已经是法国人了。在他第一次演讲中，科恩先生说‘我们在德国是德国良民，所以我们在法国也会是法国良民’”[6]。对此听众爆发出热烈的掌声，阿伦特被惊得目瞪口呆。

对阿伦特而言，一个外来者必须有意识地接受自己“局外人”的身份，带着这份“隔膜感”行走于世。她一面鄙弃“攀附者”从头来过的乐观主义，一面赞美“局外人”不管走到哪里，都对他们的身份保持着清醒的意识。“局外人”拒绝遗忘，即接受他们必须忍受的损失：“一个想要失去自我的人，定会发现人类存在的可能性，这种可能性是无限的，就和造物一样无限。但是重新获得一种新身份是困难的——也是同样令人绝望的——就像要在世界上创造一个新物种。”[7]“攀附者”试图抛弃自己的过去，也是在努力忘记他们原本的身份。但是，在阿伦特看来，这种遗忘是不可能的。他们必须带着自己的身份行走于世界，即使那意味着他们是外来者。

阿伦特和罗斯柴尔德家族成员相处了几个月后，在1935年，就以秘书长的身份去为法国的“青年阿利亚”组织工作。和农工技艺协会相似，“青年阿利亚”是一个犹太复国主义组织，帮助输送犹太青少年到巴勒斯坦，帮助他们做好新生活的准备，到那里后他们会住在集体农场（kibbutzim，建立在传统农业基础上的集体社区）。这个组织是1933年雷沙·弗赖尔为应对德意志第三帝国的崛起而在柏林创建的。关于她在“青年阿利亚”的工作，阿伦特写过一篇短文《一些年轻人要回家了》，她在文中思考了阿利亚的伦理层面，以及对一个流离失所的人而言，在世界上有归家之感意味着什么。

> 犹太人已经在世界上流浪了两千年，带着他们的财物、孩子，以及对故土的乡思。他们常常在外国失去财产。他们又收获了什么呢？悲伤的体验——适应环境、自我保存的能力。但是孩子们呢，他们还没来得及理解自己的命运，便失去了一切：稳定的家庭，正常的环境，他们的故乡，他们的朋友，他们的语言。他们不仅被连根拔起，并且很快误入歧途。8

1935年，“青年阿利亚”送阿伦特和一些准备好移居巴勒斯坦的学员到巴勒斯坦待了三个月。他们乘火车从里昂车站出发到马赛，然后坐船到海法[1]，中途在西西里岛和希腊停留。阿伦特带着她的学员来到意大利古城锡拉库萨，游览了那里的历史遗迹，后来她多次返回这个遗址。到耶路撒冷后，她拜访了从柯尼斯堡来的表兄恩斯特·菲尔斯特和他的妻子克特，在城里游览了一番，还去了南方的佩特拉，在那儿她生平第一次看到了罗马神庙。

尽管阿伦特在战争岁月支持犹太复国主义，但她对移居巴勒斯坦并不感兴趣，也没有将犹太复国主义奉为政治圭臬。阿伦特因为政治原因成为一个犹太复国主义者。犹太人需要

---

[1] 海法，以色列著名的港口城市。

一个祖国。1967年，她在写给玛丽·麦卡锡的一封信里，回忆起她在1935年的巴勒斯坦之旅，写道："我现在依然清楚地记得我看到集体农场的第一反应。我心里想：这是一个新的贵族制。那时我就已经知道，我不会在那里生活。"[9]

＊ ＊ ＊

就在阿伦特深入参与犹太复国主义运动的同时，安德斯努力以一位独立作家的身份谋生。但是到20世纪30年代中期，他们的婚姻越来越像合作伙伴。他们住在一起，吃在一起，不工作的时候去和朋友见面，但回到家的他们在感情上越来越疏远。当安德斯从柏林逃走时，他们之间的纽带就断裂了，但实际上，这个纽带从一开始就不是很牢固。那些认识他们的人评论说，在她的智慧和独立的衬托下，他显得黯然失色，但是安德斯并没有注意到他们之间日益扩大的鸿沟。阿伦特的朋友汉斯·约纳斯说："汉娜很快就在巴黎的移民中成为一个备受尊敬的角色……君特站在她身旁，开始扮演类似于女王配偶的角色，他是一个骄傲自负的人，这一点让他很难忍受。"[10]阿伦特向朋友们坦白，她从未真正爱过他，当年和他结婚也是偶然的，因为她对婚姻没有什么期待。[11]阿伦特想要和安德斯离婚已经有一段时间了，但又不愿离开他。她写道："我唯一的选择就是消极抵抗，不再尽所有婚姻中的义务。"[12]

当1936年6月施特恩启程去美国的时候，他们决定就此分手，同月提交了离婚文件。

双方于1936年6月分手：他们最后一次联系是在1933年夏。原告申请离婚，因为被告与纽约的另一个女人保持着不合法的关系。她手里有一封被告1937年2月18日写的信。信中说道："你最好不要利用你的美国签证过来这边，我们在纽约不是这样商量好了吗？如果你来，就会给你，还有给我，造成不可忍受的状况。你的猜测是对的：我不是一个人住。我认识了另一个女人，现在她和我就住在一起。我不想和她分手。"[13]

他们的离婚手续于1937年9月18日办妥。我们不清楚安德斯是否真的和另外一个女人有染，但他不是阿伦特的一生至爱，这一点是清楚的。就像阿伦特清楚地意识到海德格尔跟她保持着距离一样，安德斯也意识到阿伦特与他保持着距离。她对他没有任何的恶感，但他直到去世对这段婚姻都耿耿于怀，这在他所写的回忆二人婚姻生活的小书中是显而易见的。

* * *

阿伦特并没有单身很久。1936年初春，她在一次公共演讲中遇到了海因里希·弗里德里希·恩斯特·布吕歇尔，那时她跟安德斯的婚姻关系还未解除。布吕歇尔是一名共产党人，曾参加斯巴达克团的起义，在柏林左派马克思主义运动中扮演着重要角色。1934年，他逃离柏林，取道布拉格来到巴黎。他和安德斯有共同的朋友圈：贝托尔特·布莱希特、瓦尔特·本雅明和巴黎的马克思主义左派知识分子群体。但他和安德斯也很不同，他出身贫穷的工人家庭，从未接受过正规教育，也不是犹太人。他自学成才，博览群书，风度翩翩，潇洒飘逸，有“空想家”的气质。在他的德国人身份表格上，职业一栏他写的是“牵线人”（drahtzieher）。这也是他在共产党内的代号之一。[14]

汉娜·阿伦特的朋友们对布吕歇尔的评价要比安德斯更高。在汉斯·约纳斯的印象中，“他们的婚姻是建立在真正的爱情基础上的”。[15] 阿伦特的朋友，作家阿尔弗雷德·卡津回忆道，布吕歇尔非常健谈，但有点催眠效果，因为你不总能跟上他的思路。赫尔曼·布洛赫评价他“舌灿莲花，口若悬河”，布吕歇尔曾向他发表了一通演讲，一直讲到凌晨三点，阿伦特都熬不住，上床睡觉了。在美国作家、哲学家德怀特·麦克唐纳的记忆中，他“在心灵和思想上都是一个真正的、无可救药的无政府主义者”。

阿伦特和布吕歇尔初次见面后不久，他们共同的朋友沙南·克兰波特牵线，邀请布吕歇尔到汉娜·阿伦特家里共进晚餐。布吕歇尔穿着西装，戴着礼帽，拿着一根手杖出现，阿伦特开玩笑地开始称呼他“先生”。白天外出时，布吕歇尔伪装成资产阶级旅行者，掩饰自己流亡难民的身份。这次晚宴是他们第一次正式会面，一直持续到凌晨两点。每次克兰波特想要离开，他都被劝说留下来，最后是阿伦特宣布结束，把他们两个一起送走了。他们结婚后，阿伦特经常开玩笑说，

20 世纪 30 年代，海因里希 · 布吕歇尔在巴黎

他们是“一晚定终身”。在见面几个星期后，布吕歇尔说：“你爱上我了，我们会结婚，只是你还不知道。”到 1936 年夏末，阿伦特和布吕歇尔已经以夫妻名义在公约街上住在一起了。

布吕歇尔不是传统的学者，也没有把自己塑造成一个知识分子。比起出版和写作，他对思想本身的兴趣更大。他告诉阿伦特，他出生的时候，同时得到了一个好仙女的祝福和一个坏仙女的诅咒，前者给了他聪明的头脑，后者让他在写作上无能为力。布吕歇尔的父亲是共产党员，母亲是洗衣女工，他的政治意识觉醒是在第一次世界大战期间柏林的大街上。他是一个自学成才的人，对谈话和女人都有强烈的渴求。他和阿伦特确定关系的前两年，也就是他们在巴黎同居时，阿伦特都不知道他曾结过婚。一次偶然的机会，阿伦特才知道了他的妻子娜塔莎·叶弗罗伊金，当时阿伦特正在“青年阿利亚”上班，一个名叫伊斯拉埃尔·叶弗罗伊金的人来这里工作。一天下午，他跟阿伦特聊起他姐姐的好丈夫，阿伦特吃惊地发现，他说的那个人居然是海因里希·布吕歇尔。布吕歇尔于 1932 年和叶弗罗伊金结婚，婚后二人只是偶尔住在一起，直到 1935 年秋，婚姻终止。[16] 这件事虽然令人意外，但并没有动摇阿伦特和布吕歇尔的关系：他们认识时，她也没有离婚，他们一起商量好各自办妥离婚手续。

慢慢地，阿伦特和布吕歇尔在谈话中了解了彼此。和他在一起，让她在世界上找到了归属感。她称他是自己的“四面墙”和“移动的家”。他们的婚姻是“激情碰撞的智性婚姻”。布吕歇尔曾经说过：“我们各做各的工作，然后聚在一起讨论。”思想上的交流增进了情欲上的吸引。在早期的一封情书中，阿伦特写道：

> 当我看到你时，我突然不再害怕了——起初是有一些恐慌，那只是一个假装大人的孩子的恐慌。直到现在我依然不敢相信，我居然既找到了“真爱”，又能够“实现自我”。但我只是因为找到了前者，才能够达成后者。我终于也知道了幸福是什么滋味。[17]

当阿伦特几年前到巴勒斯坦时，罗马遗址的持存性给她留下了深刻印象，它们经历了重重灾难依然屹立不倒。在对罗马政治的研究中，她发现了根基的神圣性以及做出承诺的勇气，这两者对于世界自由都是必要的。在海因里希·布吕歇尔身上，她找到了另一种意义上的持存性，这让她能够自由地继续自己的研究。

1939 年春，阿伦特请求沙南·克兰波特的妻子洛特到柯尼斯堡去，帮助她的母亲搬来巴黎。玛尔塔在柯尼斯堡并不安全，她和马丁·比尔沃尔德的婚姻在 20 世纪 30 年代末也解体了。1939 年 4 月，她向柯尼斯堡的警察局和财政机关提交了移民申请文件，最终得到了为期三个月的法国签证，但条件是她必须交出全部财产，除了一副刀叉、餐匙、茶匙、个人手表和结婚戒指。1939 年 4 月 24 日，玛尔塔离开了柯尼斯堡，第二天就到达了法国。

拘禁

1939 年 9 月 1 日，纳粹德国侵略波兰。在两次世界大战期间，法国采取了开放政策，欢迎主要来自东欧的犹太人。但是到 1933 年，法国当局决定采取严格限制移民的政策，以应对从德国和西班牙大批涌入的难民，当时西班牙正在发生内战。法国开始为难民建立收容所和拘留营，发布各种政令来管理“外来”人口，禁止他们做生意，强制遣返未登记的犹太人，驱逐没有工作许可证的犹太人。难民的涌入导致了法国反犹情绪的增长。

9 月 3 日，法国和英国向德国宣战。同一天，法国各地张贴起告示，命令德国和奥地利籍的男性公民到位于巴黎西北郊科隆布（Colombes）的奥林匹克体育场报到。在第一轮大规模搜捕中，包括海因里希 · 布吕歇尔、瓦尔特 · 本雅明、马克斯 · 阿伦、剧作家赫尔曼 · 凯斯滕和诗人汉斯 · 扎尔在内的人都到收容所报到了。整整十天，他们吃着廉价的肝酱配面包，睡在露天体育场的地上，然后被分组送往法国各地的拘留营。布吕歇尔和本雅明被运往奥斯特里茨车站，然后又被火车送往位于巴黎以南 240 公里的讷韦尔（Nevers）。下车后，他们被强迫步行两个小时，到达废弃了的维尔努歇城堡（Château de Vernuche）。[1]

布吕歇尔和其他 300 名囚犯在拘留营待了将近两个月。这个废弃的城堡内部完全清空了，他们进来的时候，发现里面黑暗又潮湿。几天后，发了稻草给他们做床。他们靠信件和外界进行信息交流，亲人获准每周日 12 点来看望半小时。阿伦特为布吕歇尔烤了蛋糕，带给他爱心包裹。

她这一时期写给布吕歇尔的信因为战争未能保存下来，但布吕歇尔用法语写的 23 封信保存至今，信中详细讲述了他在拘留营中的生活。他们主要讨论的话题是他的肾结石和疾病，这让他几个星期下不了床。他努力让阿伦特放心，告诉她，这里的卫兵态度很好，医生在努力治好他的病。他写道："我的爱人，要尽最大努力。我也会尽我最大的努力。能够在星空下想着你的感觉可真好啊。"他要阿伦特送些红酒、香烟、巧克力，这些东西是拘留营中通行的货币。在一封信中，布吕歇尔给阿伦特列了一个清单：

> 我需要：
>
> 1. 我的滑雪靴。
>
> 2. 我的防寒服。

3. 裤子（曼彻斯特天鹅绒材质，米黄色或棕色）

4. 我的冬袜。

5.2 件衬衣。

6.1 把不锈钢餐刀（不要带尖的！）。

7. 军用饭盒。

8. 洗头用的……

9. 我的小烟斗（你送给我的那个）。

10. 我的烟袋。

在拘留营中看不到未来的希望。他们几乎与世隔绝，只能一天天挨日子。在阿伦特的《黑暗时代的人们》（1968）中，有一篇文章写到贝托尔特·布莱希特的一首诗，瓦尔特·本雅明把这首诗从丹麦带到巴黎：

> 这首诗当时还未出版，在战争伊始，法国政府决定将来自德国的难民送往集中营，但在1939年春，瓦尔特·本雅明去丹麦拜访了布莱希特，把这首诗带回了巴黎，很快，就像不翼而飞的好消息一样，这首诗开始口口相传——这是抚慰、耐心和忍耐的源泉——这些智慧在那里是最需要的。[2]

阿伦特把这首诗背了下来，布吕歇尔随身带着那个副本，念给他的难友们听。这首诗题为《老子流亡路上著〈道德经〉的传奇》，是对黑暗时代的思考。在阿伦特那篇战后写布莱希特的文章里，她注意到，诗中没有尝试挖掘“语言或思想”的趣味性。布莱希特的诗歌是关于“非暴力和智慧”的教训形式。[3]

在朋友的帮助下，布吕歇尔于1940年冬天获释，一个医生出具了他患病的证明。不久后，1940年1月16日，他和阿伦特决定在巴黎民事法庭结婚，但新婚的快乐并没有持续多久。1940年5月5日，婚礼过后四个月，巴黎总督在报纸上发布了一则公告：所有从德国、萨尔兰[1]或但泽[2]来的男人、未婚未育的女人，都要来报到以便被运送至拘留营。

阿伦特和布吕歇尔被送到了不同的拘留营。男人要在5月14日去布法罗体育场（Stadion Buffalo）报到，女人要在5月15日9点到17点之间去冬季自行车运动场（Vélodrome d’Hiver）报到。他们收到指示，要备足两天的食物、餐具、袋子和行李，重量不超过30公斤。阿伦特托沙南·克兰波特照顾母亲，她和朋友弗兰策·诺伊曼还有其他两个女人一起前往火车站。许多人都计划结伴出行，约好在巴黎会合，从里昂车站乘火车到运动场。当女人们到达后，她们被强制排队接受体检，确定她们是否适合干粗活。运动场周围的街道挤满了排队的女人，等待通过体检程序，一旁的警察们来来回回地边走边下命令：“禁止随身携带刀子、剪刀和香烟。”[4]

---

[1] 萨尔兰，位于德国西部，西邻卢森堡，西南与法国接壤，是德法之间反复争夺的之地。

[2] 又名格但斯克，是波兰北部的港口城市。属于日耳曼和斯拉夫两大民族之间争夺的焦点。

大约5点，下起了瓢泼大雨。几千个女人站在雨中，等着体检。警察不知该怎么办，慌乱地来回跑着让她们进室内避雨。女人们四人一组被分配坐在指定的水泥长椅上，以防发生大规模抗议活动。她们吃的是咸鱼干，睡在稻草袋子上，大小便用的是发的锡罐。白天和晚上都有空袭警报，头上没有片瓦遮身。大约两星期后，她们被塞进火车车厢，运到了拘留营。原本为6个人设计的车厢塞进了10个女人。[5]

5月25日左右，女人们到达了居尔。这个拘留营就是一大片光秃秃的土地，分成了13块区域，称为“岛”，围着带刺的铁丝网，都用字母进行编号。拘留营中建造了300座木头营房，能容纳2万人。这些营房大约长30米，宽7米，两侧都有门。春天下雨时，地面就变成了沼泽，泥浆让人无法自由活动。拘留营的看守人是非犹太裔的女囚犯。莉萨·费特克在她那部详尽描写居尔拘留营的《逃离比利牛斯山》（2000）中，把她们描述为性工作者。其他人把她们描述为政治难民，被作为外国敌人关押在这里。拘留营工作人员的职责是监管她们的狱友，给女人们安排每天的活动和任务，让她们处于忙碌状态。这些杂务是为了避免绝望情绪的蔓延。在《生活在居尔》（*Vivre à Gurs*）这本书中，汉娜·施拉姆描述那些被送来的女人“看起来像鬼一样，在一个陌生的世界中，茫然且不知所措”。[6] 在泥浆、垃圾之中，在食物和床位都紧缺的环境下，居尔就像人间地狱。

阿伦特到达居尔时，那里有2 364名妇女，到6月29日，这个数字几乎翻倍。这里还组织起讨论小组，安排了课程，为希望获得美国紧急签证的人提供英语课程，还有哲学方面的讲座。一位幸存者写道：

> 食物很匮乏，往最好了说是完全不够——咖啡，黑面包片……我们不记得有真正的固体食物。汤里漂着几片白菜叶。幸运的话，能在汤勺里发现一块土豆或胡萝卜……我们总是饥肠辘辘。[7]

晚上，那些死于痢疾的女人，还有被看守杀死的女人，会被埋葬在拘留营后方最远的角落里。

1940 年 6 月法国与德国停战后，居尔拘留营落到了维希政府治下。1940 年 10 月，德国当局将来自德国西南的 7 500 名犹太人驱逐出境，他们进入法国，被拘留在居尔。最后有 1 710 人被释放，755 人逃跑，1 940 人移居外国，2 820 人被征入法国的劳工营。然而，到了 1941 年，有 15 000 人被拘留在居尔。在 1942 和 1943 年，在阿道夫 · 艾希曼的命令下，剩余的犹太人经德朗西（Drancy）被送到了奥斯威辛，一到达即被杀死。1943 年 11 月，当维希政府关闭居尔拘留营时，剩下的只有 735 名妇女，250 名男人和 215 名儿童。[8]

汉娜 · 阿伦特从未谈过她在拘留营的细节。在她的作品中只有三处，是她对这段日子进行的反思。在《我们这些难民》（1947）中，她写道：

> 我曾有机会在居尔拘留营待过一段日子，其间

> 我只有一次听到人们讨论自杀的话题，有人提议集体自杀，似乎是作为一种抗议行为，让法国人恼火。当有人说，我们被运到那里总归是要被解决的，大家的情绪突然变成对求生充满了强烈的勇气。人们大都认为，如果还有人把整件事解读为个体的厄运，并因此单独私下结束自己的生命，那这个人该是不正常的，反社会的，对一般事件是漠不关心的。[9]

在《极权主义的起源》一书的序言中，阿伦特再次表达了对鲁莽的乐观和绝望的犹疑态度。对于阿伦特来说，它们是一个硬币的两面，将人们的目光从现在转移开，面向过去和未来。阿伦特在一篇名为《600 万人的毁灭》的文章中，举例说明了她想表达的意思，她以波兰诗人塔德乌什·博罗夫斯基为例，表达了她在政治上对希望和绝望的灰心。博罗夫斯基生于 1922 年，在十几岁时被抓捕送往奥斯威辛，从那里又被送往达豪（Dachau）。1945 年 5 月 1 日，美国部队把他从达豪解救出来。六年后，他把头伸进了煤气灶，自杀身亡。在他的短篇小说和诗歌组成的集子《女人们，先生们，这边请进毒气室》中，博罗夫斯基捕捉到了阿伦特所谓的“鲁莽的乐观和绝望”：

> 在人类历史上，希望从未像现在这样比人还要强大，但同样地，它也从未像在这场战争中，在这个集中营中一样造成如此大的伤害。我们从未学过如何

放弃希望，这就是为什么我们今天会死在毒气室。[10]

对于博罗夫斯基而言，放弃希望意味着为了生命而弃绝生命。希望的对象不是一个更好的世界，而是生命自身。这种希望是要回到集中营之前的世界。这种希望是他们可以重获曾经拥有的一切。从上面的引文，阿伦特描述了“希望”如何变成通向生命的危险障碍，它使得社会纽带和人际关系不再重要。当希望成为行动的阻碍，乐观迫使个人从世界抽身，转为完全依靠自己时，不仅公共领域和私人领域的界限崩塌了，人性也毁灭了。

阿伦特关于拘留营的第二个记录来自 1952 年 8 月她写给朋友库尔特 · 布卢门菲尔德的一封信。在对绝望进行思考后，阿伦特告诉他：“如果世界历史不是如此可怕，生活在世界上将是一件乐事。但是，它最终还是一件乐事。至少，那是我在居尔时的想法，在那里，我认真地向自己提了这个问题，然后有点开玩笑地回答了自己。”[11] 这个问题就是自杀，但阿伦特决定自己不会自杀。对她来说，个体的责任比集体的经验更重要。但是这是一个严肃的问题，她的反应——“开玩笑地”——也证明了它的严重性。多年后在讨论阿道夫 · 艾希曼时，她说：“在处理人类的苦难时，悲剧相比喜剧而言，采取了不那么严肃的方式。”

最后也是最明确的那次表述出现在十年后。1962 年，阿伦特在《中流》(*Midstream*) 杂志上，发表了一篇关于布鲁诺 · 贝特尔海姆《摆脱犹太人聚居思维》(*Freedom from*

Ghetto Thinking）一文的评论文章：

我在居尔待了五周（不是两天）；我们是在战争结束前最后几个星期被合法的法国政府送到那里的“外国敌人”。我们到达拘留营（这是一个普通的拘留营，原本是为西班牙共和军的士兵修建的）几个星期后，法国战败，所有的通信都被切断了。在后续的混乱中，我们成功拿到了释放文件，离开了拘留营。当然，当时还没有法国地下组织（法国抵抗运动的出现要在更晚些时候，因为德国人决定强征法国人到德国做劳工，所以许多年轻人躲藏起来，然后组成了游击队）。谁也无法向那些留在拘留营中的人“描述”接下来会发生什么。我们只能告诉他们我们认为会发生什么——拘留营会被移交给胜利的德国人。（全部 7 000 人中大约有 200 名妇女离开了。）后来事情的发展确实如此，但因为这个拘留营处在后来的维希法国境内，所以移交给德国的时间要比我们预测的晚许多年。时间上的推迟并没有帮助到拘留营中的人。经过了几天的混乱期，一切再次变得很正常，逃跑几乎是不可能的了。我们对事情回归正常的预测是正确的。这是唯一的机会，但这也意味着我们离开时除了牙刷什么都不能带，因为到了外面没有任何交通工具可以乘坐。[12]

对于阿伦特的拘留营生活，我们唯一能查到的一手描述来自莉萨·费特克，她是那场集体大逃亡的组织者。在《逃离比利牛斯山》一书中，费特克描述了女人们如何在混乱时刻成功逃离。拘留营中无法接触到外面的消息，但偶然会有一份报纸被偷运进来。6月14日一份报纸上出现了一则消息："德国部队穿越巴黎。"听到这个消息后，她们立刻开始计划逃亡行动：

> 营地的纪律似乎崩溃了。哨兵、军官，甚至特别警察专员——所有人都感到困惑和不安。因为没有指导方针，他们失去了方向；因为没有命令可循，秩序崩溃了。人们可以偷偷溜出自己的"岛"——这是一个容纳近千人的街区——去拜访另一个"岛"上的人。哨兵们常常不在自己的岗位上；他们似乎看不到我们。我们开始组建一个传递消息的网络，尽管它并不严密和牢固。只有"重刑犯的岛"仍有重兵把守。[13]

在逃亡的前几天，拘留营的一名妇女被招募来伪造出门证件。她曾在希特勒手下专门从事造假工作，技术娴熟，可以模仿指挥官的签名。在接下来的几天里，她从早到晚都在伪造证明文件，经常有其他妇女在她身边徘徊。

她们不知道会发生什么，但知道随着德国军队的推进，她们会被送到其他地方。她们推测在德国占领和法国守卫撤退之间会有一个过渡期，于是制定了利用伪造证件逃跑的计划。随着拘留营的混乱程度逐小时增加，她们可以在曾经戒备森严的“岛”之间自由行动，发放证明文件。其中一份给了汉娜·阿伦特，她是拘留营内组建的地下新闻网络的成员。她们于上午 8 点在大门左侧会面，商量好单人或两人一组通过。她们只在警卫要求时才出示伪造的证明，然后走出拘留营大门。那些未使用的证书，她们留给了那些决定尝试离开的人。阿伦特坚持独自一人走出大门。

紧急状态

1940 年 6 月中旬，阿伦特从居尔拘留营逃出来后，就去了卢尔德找瓦尔特·本雅明。卢尔德在居尔东南约 70 公里处。大多数妇女都选择结伴走，步行或者搭坐便车，但阿伦特决定独自上路，她认为这样比结伴要更安全。[1]

在 1941 年 10 月 17 日写给格肖姆 · 肖勒姆的一封信中，阿伦特写到她和本雅明一起度过的时光：

> 6 月中旬我从居尔拘留营出来，碰巧也去了卢尔德。在他的鼓动下，我在那里待了几个星期。正值法国战败，几天后，火车停止了运行。人们不知道家人、丈夫、孩子和朋友的情况如何。本雅明和我从早到晚下棋，中间休息的时候，我们会读报纸，只要一拿到报纸就迫不及待地开始读。[2]

1940年春天，本雅明从讷韦尔的圣约瑟夫拘留营被释放后，回到巴黎待了不长时间，然后在6月14日左右逃到了卢尔德，在那里等待他的美国签证文件从马赛寄来。1940年春，在法国诗人和外交家圣－琼·佩斯的干预下，本雅明以身体健康状况较差的原因逃过了第二次拘留。

7月初，阿伦特决定离开，去找她的丈夫海因里希·布吕歇尔，但她不放心本雅明。她曾考虑带着本雅明一起走，但最终认为这不现实。[3] 于是他继续留在卢尔德，等着出境文件的消息，社会研究所的马克斯·霍克海默尔和特奥多尔·阿多尔诺在运作这件事，研究所成员目前在纽约流亡。阿伦特一路步行和搭便车来到了蒙托邦，她好朋友沙南·克兰波特的妻子洛特·克兰波特在那里租了一栋房子。蒙托邦是难民的集合地，阿伦特不知道布吕歇尔在哪里，但是希望这里能有他消息。但是一直没有信来。一天，幸运女神眷顾了他们。在一条主干道上，很多人在这里寻找食物、香烟和报纸，他们居然遇见了彼此！巴黎陷入德国之手后，布吕歇尔所在的讷韦尔拘留营被疏散了。法国守卫开始时将关押的人运往南方，但是德国人出现后，他们便把人都放了，然后自己也逃了。布吕歇尔一路搭便车从讷韦尔到了蒙托邦，来这里治疗内耳炎。[4]

他们重逢后，在城里一个摄影工作室的楼上租了一间小公寓，然后开始联系出境文件。在等待期间，阿伦特读了普鲁斯特的《追忆似水年华》(1913)，卡尔·冯·克劳塞维茨的《战争论》和乔治·西默农的侦探小说。布吕歇尔读的则

是伊曼努尔 · 康德的著作。[5]10 月，维希政府的政策收紧，要求所有犹太人到当地警察局登记。阿伦特的妈妈玛尔塔此时也从巴黎来到了蒙托邦，他们曾一起到马赛去过几次找出境文件。阿伦特拒绝遵从警署命令到警察局局长办公室登记，她知道这个名单是用来逮捕难民用的。当消息传来说她们可以拿到出境文件时，她们便离开蒙托邦，一路骑自行车到了马赛。

汉娜 · 阿伦特和她母亲，以及海因里希 · 布吕歇尔能够拿到签证，多亏了瓦里安 · 弗里的帮助。弗里是紧急救助委员会的主席，一位来自纽约的作家和记者，两个月前，法国陷落后，他作为委员会的创始人来到马赛，尽己所能，努力挽救尽可能多的犹太艺术家、作家和思想家。作为一名对外记者，他没有法律经验，但学会了怎样获得假护照和签证，以及如何伪造出境的必要文书。在他被抓捕和驱逐之前，他在马赛待了 13 个月，解救了 2 000 多人，包括让 · 阿尔普、马克 · 夏加尔、马克斯 · 恩斯特、安德烈 · 布勒东、麦克斯 · 奥菲尔斯和马塞尔 · 杜尚等。[6]

但是阿伦特的亲密友人瓦尔特 · 本雅明没有逃出来。1940 年 8 月，社会研究所成功为本雅明弄到一张美国紧急签证。收到消息后，他来到马赛，等待他的签证到达美国领事馆。在那里，他跟汉娜 · 阿伦特和海因里希 · 布吕歇尔重逢了。阿伦特最后一次见到本雅明是在马赛，那是 1940 年 9 月 19 日。六天后，本雅明在波特布（Portbou）自杀，当时他计划穿越国境到西班牙。大约四周后，阿伦特才得知他自杀的消息。关于他生命最后的信息来自莉萨·费特克和埃尼·古尔兰（她是心理学家、哲学家埃里希·弗洛姆的妻子），她们带领一小队难民穿过比利牛斯山到达波特布，这条普通的小道被称为“走私者通道”。费特克写道，本雅明身体很差，走10分钟就要歇10分钟。他随身只带了一个皮革公文包，里面装着他最珍贵的文件。9月26日晚，抵达波特布后，警察局告诉他们，西班牙政府已经取消了所有过境签证，如果没有法国出境证件，他们将被送回拘留营。那天晚上，本雅明服用了致命剂量的吗啡。

＊＊＊

阿伦特和布吕歇尔在马赛的酒店租了一个房间，等待美国领事馆的通知。有一天，他们在房间收到消息，请海因里希·布吕歇尔向前台报到。阿伦特和布吕歇尔知道其中有诈，警察应该就在他们附近。布吕歇尔若无其事地下楼，留下钥匙，在有人阻止他之前走出酒店前门。阿伦特随后跟上，他们来到一个让布吕歇尔可以安全藏身的咖啡馆。然后，阿伦特一个人返回宾馆，付账、吃早餐。当酒店职员过来问她丈夫在哪里时，她大闹起来，叫喊道他已经去警察局长办公室了，并告诉职员，如果她丈夫出了什么事，她会找他算账。随后她离开酒店，在咖啡馆接上布吕歇尔，二人一起离开了马赛。[7]

1941年1月，维希政府短暂地放松了出境许可政策。阿伦特和布吕歇尔立即乘坐火车去往里斯本，中途在波特布稍作停留，寻找本雅明的墓地。阿伦特在给格肖姆·肖勒姆的信中写道：

> 几个月后，我们来到波特布，到处找他的墓地，但徒劳无获。根本找不到墓碑，也没看到他的名字。这个公墓前面是一个小海湾，俯瞰着地中海。墓碑是雕在石头平台上的，棺材也被推进这种石头墙中。这是迄今为止我见过的最梦幻、最美丽的地方之一。

1941 年 6 月，美国国务院收紧了入境政策：1941 年 8 月至 12 月，提交申请的 1 137 个人中，只有 238 个获得了赴美紧急签证。阿伦特和布吕歇尔就是其中两个。他们在里斯本待了三个月，终于可以前往纽约了。他们希望玛尔塔能很快跟来。阿伦特不在的时候，一位协助为犹太人和其他难民提供住宿的俄罗斯犹太作家尼娜·古芬凯尔，在马赛照顾玛尔塔。后来玛尔塔的签证下来，她也可以去美国了。

阿伦特和布吕歇尔乘船驶往纽约时，他们带上了全部家当，其中有一个行李箱，装着瓦尔特·本雅明最后的作品，里面就有他的《历史哲学论纲》。他们横渡大西洋时，向同船的移民朋友大声朗读了其中的文字：

> 被压迫者的传统告诉我们，我们生活在其中的所谓“紧急状态”并非什么例外，而是一种常规。我们必须具有一个同这一观察相一致的历史概念。

> 这样我们就会清楚地意识到，我们的任务是带来一种真正的紧急状态，从而改善我们在反法西斯斗争中的地位。[1]8

当汉娜 · 阿伦特登上了前往纽约的“吉内”号时，她已经 35 岁了。她逃离了两次世界大战，曾被盖世太保逮捕，并逃出了一个拘留营。在她为本雅明的《启迪》所写的序言中，她谈到了不幸:“然而，那些‘在死亡中获得胜利’之人的生活中除去无法归类的事实，还有一个不那么客观的因素，那就是噩运。”9 但是阿伦特并不是噩运光顾的对象。幸运这位神秘女神，长期以来被哲学家认为是以不可预测的方式残酷地存在着，但每到危急关头，她似乎总会来到阿伦特身边。

---

[1] 引自［德］瓦尔特 · 本雅明:《历史哲学论纲》，张旭东译，《文艺理论研究》1997 年第 4 期。

过渡

1941年5月22日，汉娜·阿伦特和海因里希·布吕歇尔抵达纽约埃利斯岛，身上仅有25美元，只会说几句英语。他们靠着美国犹太复国主义组织的津贴，在西95街317号租了两个带家具的房间。在《赴美外国旅客名录或名单》上，海因里希·布吕歇尔的登记信息为“42岁，无国籍，德语作家”；约汉娜·阿伦特为“35岁，无国籍，希伯来妻子”。

他们抵达后的第二天上午，阿伦特给她的前夫君特·安德斯发了一封电报，告诉他，他们成功逃出来了：

1941年5月23日上午11点20分：“我们得救了。我们到这里了，住在西95街317号。汉娜。”[1]

几个星期后的6月21日，玛尔塔乘坐“莫西尼奥”号轮船也来到纽约，住进了阿伦特和布吕歇尔租的第二个房间。玛尔塔的朋友尤丽叶·布劳恩－沃格斯坦因从柯尼斯堡给他们寄来了装有食物和衣物的包裹。2 阿伦特的朋友保罗·蒂利希 1933 年就来到纽约，他帮助阿伦特联系上一个名为“难民自助”的组织，这是纽约犹太慈善联合会的办事处。通过他们，阿伦特申请到夏天在一户美国家庭做管家，顺便学习英语。从 1941 年 7 月 18 日至 8 月 15 日，她就在温切斯特镇阿灵顿街 92 号的吉多茨家工作，这里距离南边的波士顿只有几英里[1]。在从马萨诸塞写给布吕歇尔的第一封信中，阿伦特描述了她生活的新环境：

> 这家人住的小房子非常漂亮，就像一个装满书的“住宅机器”。温切斯特是一个绵延不断的花园小镇，到处都是供一家人居住的独栋房子。房价不高，即使是我所在的这户最普通的中产阶级家庭也能负担得起。但凡有些能力的家庭都选择住在办公区外面。我们住在一片树林的边上。这里的生活平静祥和，令人愉快。因为有花园等等，所以有很多家务活要做（至少对男主人来说），这让居住在一个“住宅机器”里的优势都被抵消了。3

尽管阿伦特过来是做管家，但吉多茨太太没有让她做太

[1] 1 英里约合 1.6 公里。——编者注

多家务活。阿伦特每天都在阅读、学习和散步中度过。吉多茨夫妇给她买了一本德英词典，选了一些书放在她的卧室。她参观了美术馆，惊叹于“里面那么多美丽的作品……尤其是希腊的雕塑和奇特的花瓶”。她去看了伦勃朗和马奈的作品展，还听了波士顿交响乐团的室外音乐会。周末，吉多茨夫妇会开车带阿伦特去探索附近的城镇，晚上他们会谈论政治直至深夜。起初阿伦特有点担心他们是亲德的，但很快发现他们是和平主义者，而且吉多茨先生是波兰裔犹太人，他们全家移民到美国后，他便隐藏了自己的身份。

相比吉多茨太太，阿伦特更快地对吉多茨先生产生了亲近感。因为吉多茨太太是个热忱的素食主义者，奉行克己主义。“她随时准备好为健康膳食奋斗至死。健康膳食包括：1. 不吃肉。2. 不吃煎的脂肪（胆囊相关的食物）。3. 吃很多蔬菜，最好是生吃。4. 不吃白面包。”[4]但是阿伦特和吉多茨先生想办法逃过了吉多茨太太的健康规定。在她上午离开家后，他们就开始吃培根鸡蛋做的早餐，阿伦特还会烹饪整只鸡做午餐。她在给布吕歇尔的信中写道：“这真是我的一大成就。”她唯一遗憾的是没能说服吉多茨先生和她一起吃炸薯条。[5]阿伦特发现，吉多茨先生比他的太太更“聪明”和“理智”，不过她很佩服吉多茨太太的公民责任感。一天晚上，阿伦特看到她给她的国会议员写了一份措辞严厉的信，抗议对日裔美国人的拘留。

阿伦特早期在吉多茨家的生活经历，在她对美国政治的认识上留下了永久的印记。阿伦特感兴趣的是美国“熔炉”

的神话，以及美国人如何“对公共生活感到责任感”的议题。汉斯·约纳斯写道：

> 正是在这个共和国的个人经验决定性地塑造了她的政治思想……美国让她看到了另一条路径，让她跳出了自己所逃离的非“左”即“右”的僵化选择；共和国的理念，作为通向自由的现实选择，一直被她珍视，即使是在它日渐晦暗的日子里。[6]

在阿伦特看来，美国之所以独一无二，在于它从来不是一个民族国家，所以它没有“受到民族主义和沙文主义的影响”。在美国，她逐渐意识到，公民身份是基于对宪法的遵守，而非民族或种族。[7]她赞扬美国联邦制、三权分立以及中央集权政府的缺位。

阿伦特在马萨诸塞的时候，曾考虑进修成为一名社会工作者，但她后来抛弃了这个想法。她想要回归她的工作，即犹太政治研究和写作。她在马萨诸塞的生活很愉快，对自己在美国政治上的新发现感到满意，但是她没有忘记欧洲正在发生的事情，正如她跟布吕歇尔所说：“这里的报纸和电台演讲描绘的图景和现实完全两样，尤其在涉及对战争的看法上。”[8]

与阿伦特相比，海因里希·布吕歇尔在适应美国的生活环境方面要更加艰难。他抗拒学习英语，只是在阿伦特的督促下才勉强学下来。来美国第一年，他一边编一本英语习语词典，一边在新泽西一家工厂工作。他讨厌这份工作，不久就离开了，后来受雇在国家士气委员会做研究助理，这个组织致力于推动美国参战。阿伦特给她的朋友洛特和沙南·克兰波特写信，抱怨“先生很少能在晚上10点前到家”。最终布吕歇尔通过他在委员会的关系找到了两份教职。作为马里兰州里奇营美国陆军训练班的文职顾问，他为德国战俘开设了讲授德国历史的研讨班，在普林斯顿大学的教务长克里斯蒂安·高斯的指导下，受邀给陆军训练班讲课。第二年他受雇成为NBC广播电台的德语新闻播音员。

夏天过后，阿伦特到哥伦比亚大学拜访犹太历史学家萨洛·巴龙，多年前她在德国见过他。在这次会面中，他们谈到了法国反犹主义的历史，巴龙建议她把自己的观点写成一篇文章，寄给特奥多尔·赫茨尔·加斯特，他是犹太事务研究所的执行秘书。在他的帮助下，1942年阿伦特在《犹太社会研究》上发表了自己第一篇翻译为英文的文章《从德雷福斯事件[1]到今天的法国》。

萨洛·巴龙和他的妻子珍妮特与阿伦特和布吕歇尔成了亲密的朋友。阿伦特去世后，巴龙为《犹太社会研究》写了一篇追忆文章，回忆他们的第一次见面：

> 我依然清楚地记得，她刚来美国不久，第一次

[1] 德雷福斯（Dreyfus，1859—1935），法国军官，犹太人。1894年，他因被军事法庭以叛国罪判终身监禁而激发要求释放他的政治风波，于1906年经重审后得以平反昭雪。

来我哥伦比亚大学办公室的情景。在讨论维希法国统治下犹太人的处境时，她对法国反犹主义的持续感到深深的忧虑，从德雷福斯到贝当[1]……同时她对那些著名的被同化的犹太人的命运深感兴趣，他们从原本的犹太环境中被连根拔起，但并没有完全融入后来所栖身国家的主流社会中去。[9]

两年后，阿伦特在《犹太社会研究》上发表了第二篇文章，题为《作为"局外人"的犹太人：一个隐藏的传统》。其中讨论了德国诗人海因里希·海涅、文学批评家贝尔纳德·拉扎尔、查理·卓别林和小说家弗朗茨·卡夫卡。她之后继续为《犹太社会研究》写作，同时，在巴龙的帮助下，她重新开始了在犹太社区的工作。巴龙聘请阿伦特在他监管的犹太文化重建委员会担任研究主任的职位。

那年秋天，阿伦特去听了库尔特·布卢门菲尔德的一个讲座，这场讲座是由《建设》（*Aufbau*）主办，探讨的主题是"犹太人应当拥有军队吗"。《建设》是德国人俱乐部的新闻简报，这个俱乐部于1924年成立于纽约，目的是为新移民提供一个会面地点。这份报纸刊载关于时事的论辩和讲座信息，逐渐发展成一份周报，为来自德国的犹太移民提供一个发表政治观点的平台。听完布卢门菲尔德的讲座后，阿伦特寄了

[1] 贝当（Pétain，1856—1961），法国元帅，"一战"时曾指挥凡尔登战役，"二战"时任维希亲纳粹政府元首，战后因通敌罪被法国法庭判处死刑，后改为终身监禁。

一封信给报纸编辑曼弗雷德·乔治，他请她扩充下信的内容，发表在报纸上。乔治对她的文章印象深刻，随即邀请她写一个每周专栏:《这意味着你》。阿伦特利用这个专栏，号召组建一支犹太军队，保卫犹太人民。

* * *

正当阿伦特在美国开始她的新生活时，战争局势变得日益严峻。1941 年 12 月 7 日，日本人轰炸珍珠港，日本帝国主义海军袭击了美国太平洋舰队，破坏了 10 余艘战船，造成 3 400 余名美国人死亡。第二天，美国向日本宣战，三天后也就是 12 月 11 日，德国向美国宣战。美国被迫加入欧洲战争，那年 12 月，“最后解决”[1] 的消息传到纽约。12 月 18 日出版的《建设》上刊登了一个名单，是被阿道夫·艾希曼从居尔拘留营送到奥斯威辛集中营的人。在国家社会主义周刊《帝国》(*Das Reich*)上，约瑟夫·戈培尔[2] 概述了在德国之外(也许是“在欧洲之外”)的“最后解决”。阿伦特呼吁必须马上采取行动:

> 我们这些活着的人必须认识到，一个人不可能

---

[1] 全称“最后解决犹太人问题”，法西斯德国屠杀犹太人以彻底灭绝犹太人的方案。

[2] 约瑟夫·戈培尔（Joseph Goebbels，1897—1945），曾担任纳粹德国时期的国民教育与宣传部部长，擅长演讲，被称为“宣传的天才”、“纳粹喉舌”和“创造希特勒的人”。

跪着求生，一味逃生不会让你不死，如果你不再愿意为任何事情牺牲，你就会因为什么都没做而死去。“不会有一首弥撒曲为你而唱，不会有一篇祈祷文为你吟诵。”10

阿伦特继续为《建设》撰写文章，第二年春天，她开始和约瑟夫·马耶尔[1]和库尔特·布卢门菲尔德一起组建犹太青年团。他们第一次召开会议是在1942年3月11日，地点位于44街的新世界俱乐部总部。阿伦特在《建设》上发表了这次会议的宣言：

面向那些确信过去的意识形态已经破产，并立志为建立新的犹太政治理论基础而竭尽全力的人；那些明白为自由的斗争不可能由所谓“知名人士”或世界革命者所领导，而只能由那些希望为自己同胞实现自由的人们来领导的人；那些真正准备为他们认为的正义事业付出代价的人。11

阿伦特为第一次会议准备了一篇论文，题目是《政治的基本理论问题》。这篇论文中许多观点都基于呼唤“犹太政治的新理论基础”，后来也出现在她的《极权主义的起源》《过

---

[1] 约瑟夫·马耶尔（Joseph Maier，1911—2002），美国社会学家、宗教社会学专家。生于德国莱比锡，《建设》的著名专栏作者。

去与未来之间》和《人的境况》中。阿伦特将犹太人问题置于大政治背景中，将之作为一个政治问题来思考。对她而言，自由是政治的首要原则，为保护自由的空间，人们必须放下对过去和未来的理性化概念。这种放下过去和未来，转向当下的主张，与植根于传统的犹太复国主义路线相抵触。阿伦特是犹太复国主义者，但她对犹太复国主义持批判态度。她认为“主义”是思想观念需要警惕的危险信号，它总在绕开具体的生活经验。

阿伦特对犹太复国主义的态度在她移民到美国后发生了改变。在德国和巴黎时，她是一名活跃的犹太复国主义者，曾在圣约之子会（B’nai B’rith）这个组织的赞助下，向犹太听众发表演讲，她还设置过希伯来文课程，去过巴勒斯坦。到纽约后，她曾与巴勒斯坦团结党创始人犹大·马格内斯共事，草拟了团结党的历史概述提交给联合国，还曾与联合国秘书处专员会面讨论政治事务。甚至有人提议她任职团结党的联合国发言人，但她不想卷入那种政治之中。在美国，阿伦特置身于对立的犹太复国主义派别的十字路口，这颠覆了她以往的认知。1942 年阿伦特和约瑟夫·马耶尔参加了比尔特莫尔大会[1]，这次会议彻底改变了她与犹太复国主义的关系。因为她拒绝接受总理戴维·本－古里安在巴勒斯坦建立一个犹太国家的倡议，会议的气氛，以及人们对待她的态度让她深

[1] 1942 年 5 月，犹太复国主义者在纽约比尔特莫尔饭店召开大会，通过了纲领，要求不受限制地向巴勒斯坦移民和购置土地，在巴勒斯坦建立一个犹太国家。

1948 年 12 月 18 日，纽约，汉娜 · 阿伦特在犹大 · L. 马格内斯基金会

感震惊。

阿伦特在《建设》上发表最后一篇文章是在1942年11月20日。这是分三期连载的写“犹太复国主义危机”文章的最后一期。这篇文章号召犹太复国主义异见分子接受一个观点，那就是，巴勒斯坦不应该像1917年《贝尔福宣言》所描述的那样，成为英国的殖民地，成为一个殖民帝国的组成部分。阿伦特支持巴勒斯坦成为战后英联邦的成员国，而非一个自治国家。她认为甘地在印度的工作可以提供一个前进道路上的范例。她继续号召战后成立欧洲联邦，因为她认为这是巴勒斯坦能够绝对保证成为“犹太人定居点”的唯一途径。她还呼吁在这一联邦内部立法，将反犹主义定为需要惩罚的反社会罪行。[12] 但在人们对本－古里安的犹太复国主义热情持续高涨的环境下，她的提议是没有效果的，在《建设》的下一期，她的专栏名称就被替换为《犹太复国主义论坛》。

正如阿伦特1964年告诉君特·高斯的那样，因为“犹太人问题”，她从1933至1943年是一个犹太复国主义者。但阿伦特从来不是一个民族主义者，她将民族视为一个区别于国家的独立政治实体。她了解反犹主义的政治危险性，但也拒绝接受“永恒反犹主义”的观念，这是特奥多尔·赫茨尔对希特勒主义的评论。阿伦特早期对民族国家犹太复国主义的摒弃，也即在反对认为犹太人是因一个共同的敌人而联合起来的民族的观念。

阿伦特拒斥犹太复国主义在意识形态上的要求。她作为20世纪犹太人的个体经验决定了她的思考方向从哲学转到政治思想上，部分也是因为她看到哲学如何绕开了一个人的世界观。对于阿伦特而言，“犹太人问题”从来都是一个政治问题。她在《极权主义的起源》开头写道：“在犹太民族历史上一个不幸的事实是，只有它的敌人明白，‘犹太人问题’是一个政治问题，它的朋友几乎从来看不到这一点。”[13]阿伦特认为，犹太人需要一个家园，但她反对建立一个犹太民族国家。在《建设》上，她倡议建立欧洲联邦，认为这将是所有犹太人可以栖身的家园，如此当民族国家体系崩溃时（正如在欧洲大规模发生的那样），他们还能得到保障。如果民族国家无法为所有人提供基本权利，那对于阿伦特来说，我们就有政治义务去奋争，以建立一个可以做到这一点的政体。她希望建立一个犹太阵线，把分散在各国的犹太人团结起来。[14]

友谊

1945 年 5 月 7 日，西线的德军无条件投降。5 月 8 日，欧洲战场宣布取得胜利时，汉娜 · 阿伦特和海因里希 · 布吕歇尔正在康涅狄格州萨洛 · 巴龙的乡村别墅里做客。

1945 年夏天，阿伦特在新罕布什尔州的汉诺威和她的朋友尤丽叶 · 布劳恩 – 沃格斯坦因一起度过，一边写《极权主义的起源》，一边跟进欧洲发生的新闻。战争结束，意味着阿伦特可以和她的朋友们重聚了。1933 年汉斯 · 约纳斯从海德堡移民到英国，之后于 1935 年又去了巴勒斯坦。1945 年战争结束后，他曾在海德堡短暂逗留，之后作为英军的犹太旅士兵又调回了巴勒斯坦。安妮 · 门德尔松已经嫁给了德裔法国哲学家埃里克 · 魏尔，她当时在巴黎，正在法国经济事务部参与“马歇尔计划”。沙南和洛特 · 克兰波特在乌拉圭避难，正准备移民到美国。卡尔 · 雅斯贝尔斯和格特鲁德 · 雅斯贝尔斯一直留在海德堡等待战争结束，然而1945年4月1日海德堡被美国占领。

那年10月，卡尔·雅斯贝尔斯写信给阿伦特，此前，他收到一位左翼美国记者梅尔文·拉斯基送来的一摞阿伦特的文章，这位记者当时正在海德堡访问，准备写法国和德国的军事历史。雅斯贝尔斯一直担心阿伦特的安危，不知道她在哪儿，是否还活着，阿伦特也一直挂念着雅斯贝尔斯。雅斯贝尔斯的来信就像“一只伸过来的手”，阿伦特告诉他：“自从我知道您二老安然度过这场浩劫，我在这个世界上再次有了更多的归家之感。”[1] 她给雅斯贝尔斯和格特鲁德寄信，还寄送装有药品、食物、咖啡、衣物、犹太香肠和美国培根的包裹，还附上了烹饪说明：“将切片放入稍热的平底锅中，用小火煎炸。不断倒掉脂肪，直到切片变脆。然后，无论是脂肪还是培根都不会出错。”[2]

对阿伦特来说，友谊是一片绿洲，在黑暗时期给人们提供了一个避难所。她说，和朋友待在一起时，“一个人的心房直接向另一个人敞开”。这是朋友间平等会面的基础，不需要戴着面具，不需要表演和粉饰自己。正是这种与他人形成的亲密关系教会我们如何呼吸和共存。阿伦特研究学者凯瑟琳·B. 琼斯写道：

> 对阿伦特而言，友谊是建立在平等基础上的，只有坚定奉行独立思考，并愿意冒险的人才能成为朋友。尽管弗伦克尔相对来说所受教育有限，但她

20 世纪 60 年代中期，格特鲁德和卡尔 · 雅斯贝尔斯在瑞士的巴塞尔

在很大程度上拥有上述品质。她的感知力，她对自己的性生活和艳遇坦率私密的谈话，让阿伦特对她感到亲近。[3]

阿伦特的密友圈子，她称之为她的“部族”（tribe），给了她一种家的感觉，对于接纳谁成为她的“部族”，阿伦特有自己的判断。她认可的其中一位是希尔德·弗伦克尔，她是保罗·蒂利希的情人。在20世纪30年代，阿伦特还跟安德斯在一起时，蒂利希在法兰克福介绍阿伦特认识了弗伦克尔。战争开始后，弗伦克尔和她的家人逃到了阿根廷，在20世纪40年代决定移民到美国。阿伦特在纽约再次见到弗伦克尔时，她正在纽约协和神学院（Union Theological Seminary）担任蒂利希的秘书。

从阿伦特和弗伦克尔的通信中，可以明显看出她们关系非常亲密，信任彼此。

在1950年弗伦克尔罹患癌症去世前，阿伦特给她写了很多长信表达对她的感情：

> 我无法表达我有多感激你，我从来没见过你这样的女人，你带来的亲密感让我放松，让我感到幸福，这种幸福感永不会消逝，加上你不是“知识分子”（这个词多么令人生厌），所以对我自己和我真正的信仰是一种确认。我多么渴望与你谈心，无法想象没有你我怎么活下去，我该是多么乏味，就像

刚学会谈论最重要的事情却突然被迫沉默。4

弗伦克尔去世前，委托阿伦特保管她的遗嘱，确保蒂利希定期收到她留下的遗产，每次数额不大，以免他的妻子发现。弗伦克尔将阿伦特引为知己。和阿伦特在一起时，她能够充分且完整地表达自己。弗伦克尔不是作家，甚至也算不上知识分子，但她是世俗的、智慧的，在情欲方面也大胆奔放。她们之间有一种女性的共鸣，滋养并维系着她们的友谊，让她们最大限度地向对方敞开。

* * *

阿伦特在纽约进入出版业工作后，她的朋友圈迅速扩大，其中有欧文 · 豪、内森 · 格莱泽、德怀特 · 麦克唐纳、赫尔曼 · 布洛赫、汉斯 · 摩根索、沃尔夫夫妇 [1]、W. H. 奥登、特里林夫妇 [2]、罗伯特 · 洛厄尔、伊丽莎白 · 哈德威克、洛特 · 科勒 [3] 和玛丽 · 麦卡锡。

1944 年，汉娜 · 阿伦特和玛丽 · 麦卡锡在曼哈顿的默里山酒吧第一次见面。朔肯书局的一位同事把阿伦特介绍给艺

---

[1] 指海伦和库尔特 · 沃尔夫（Helen and Kurt Wolff），夫妇二人为德国出版人，后流亡美国，1942 年创立了众神殿图书公司（Pantheon Books）。

[2] 指莱昂内尔和戴安娜 · 特里林（Lionel and Diana Trilling），夫妇二人均为文学评论家、作家。

[3] 洛特 · 科勒（Lotte Kohler，1911—2011），纽约城市学院德语教授，阿伦特的亲密朋友，继玛丽 · 麦卡锡之后成为阿伦特文学遗产的执行人。

术批评家克莱门特·格林伯格。“阿伦特富有怀疑精神的智慧”和“散发的活力”把玛丽·麦卡锡迷住了，阿伦特见到玛丽也“非常欣喜，充满惊奇”。当时，麦卡锡正在为《党派评论》写话剧评论，已经出版了一部自传性质的虚构作品《她所结识的人》。同时，她一边为德怀特·麦克唐纳的《政治》杂志翻译西蒙娜·薇依[1]的文章《伊利亚特，或力量之诗》，一边在纽约州北部的巴德学院教授俄国文学课。

那年春天，在《党派评论》联合创始人菲利普·拉夫举办的一个派对上，她们再次见面。然而，第二次会面不像第一次那样愉快。在谈到法国公民对德国占领巴黎充满敌意的话题时，麦卡锡调侃道：“我为希特勒感到难过。”根据麦卡锡的描述，阿伦特勃然大怒道：“你怎么能对我说出这种话，我是希特勒的受害者，曾经在集中营里待过！”阿伦特向拉夫抱怨说：“你怎么能容许在自己家里发生这样的对话，你可是一个犹太人！”

那晚之后，阿伦特和麦卡锡再没说过话，直到三年后，她们受邀到麦克唐纳家里谈论《政治》杂志事宜。[5]这次会面后，她们在地铁站台上偶遇对方，阿伦特说：“我们在很多事情上看法都一样。”麦卡锡向她道歉，承认自己当年对希特勒的评论很不妥。阿伦特坦白说，其实她从没进过集中营。

1945年夏天，汉娜·阿伦特得到了她的第一个教职，在

[1] 西蒙娜·薇依（Simone Weil，1909—1943），法国哲学家、作家、神秘主义思想家。

玛丽·麦卡锡在希腊

布鲁克林学院研究生部教授现代欧洲史课程，她的《极权主义的起源》也签订了出版合同。她同时在为《党派评论》、《评论》杂志、《烛台》杂志和《犹太前线》撰写报道、随笔、书评，其中许多内容都能在《极权主义的起源》中找到。

阿伦特起初用英语写作时，她非常注意翻译问题。在1972年的一个小组访谈中，她谈到和《党派评论》一位美国编辑打交道的经历，那位编辑把她写的一篇关于卡夫卡的论文改得“英语化”了：

> 我来和他们谈“英语化”的问题，我读了文章，发现其中出现了“进步”（progress）这个词。我说，“这个词是什么意思，我从来不用这个词”，等等。然后一个编辑起身去其他房间找另一个编辑，把我留在那儿，我听见他用绝望的口吻说：“她竟然都不相信进步。”6

阿伦特对语言的声音很敏感，她很留心语言的配价[1]和语调，也就是单词组合在一起的方式。当君特·高斯问她战争之后还有什么保留下来，她回答“语言留下来了”，指的是她的母语。更具体地说，阿伦特指的是装在她脑子里的德

[1] 配价理论（valence theory），一种语言学理论，配价指动词可以携带几个论元以及携带什么样的论元都由动词固有的配价能力决定。根据动词的配价能力可以将动词分为零价动词、一价动词、二价动词、三价动词等。——编者注

国诗歌的语言。阿伦特开始用英语写作时，她受到了美国诗人如兰德尔 · 贾雷尔的影响，后来她和贾雷尔也成为很好的朋友。

阿伦特和贾雷尔相识于 1945 年，当时他来到纽约负责编辑《国家》杂志的书评。她这样回忆道：

> 把我们联系在一起的是“公事”——我很佩服他写的一些战争诗歌，于是请他为出版社翻译一些德国诗歌，他为《国家》杂志对我的一些书评进行了编辑（应该说是，译成英文）。就这样，按照业内人士的惯例，我们常常在一起午餐，这些午餐似乎是由我们的老板来买单的，我疑心但记不清了，因为当时我们还都很穷。他送给我的第一本书是《失落》（*Losses*），上面的题词是“送给汉娜（阿伦特），来自她的译者兰德尔（贾雷尔）”，开玩笑地提醒我记住他的名字，我是不习惯称呼他名字，不是像他猜测的那样，所有欧洲人都反感称呼名字；对我这不熟悉英语环境的耳朵而言，兰德尔一点都不比贾雷尔感觉更亲密，实际上，这两个音听起来差不多。[7]

他们的友谊是通过诗歌建立起来的。贾雷尔把艾米莉·狄金森、华兹华斯、T. S. 艾略特和 W. B. 叶芝等英语诗人的作品介绍给阿伦特，阿伦特帮助贾雷尔翻译歌德、里尔克、海涅和荷尔德林的德语诗歌。通过对诗歌共同的热爱，贾雷尔帮助阿伦特形成了她的英语写作风格：

> 他一连几个小时地给我读英语诗歌，有旧诗，有新诗，很少读他自己的诗，不过，有一段时间，他用打字机一写出诗来就会寄给我。他为我打开了一个声音和格律组成的全新的世界，他教给我英语单词的比重，就像在所有语言中一样，英语单词的相对权重，最终是由诗歌的用法和标准决定的。我对英语诗歌的知识，还有对英语特质的了解，都要归功于他。[8]

在《黑暗时代的人们》一书中，阿伦特专门有一篇文章写他，字里行间充满对他的喜爱。她用近乎神秘的词语描述他，营造出一种奇幻的氛围，吸引着读者的注意力。和他在一起，她感觉自己“沉醉在与外在世界为敌的默契中”。[9] 贾雷尔在《国家》杂志供职期间，阿伦特在 1946 年给这份杂志写了五篇短文，包括一篇为赫尔曼·布洛赫的《维吉尔之死》[1]写的书评，这本书是卡尔·雅斯贝尔斯从海德堡寄给她的。

1946 到 1948 年，阿伦特在朔肯书局做编辑，这家书局是扎尔曼·朔肯于 1931 年在柏林创立的，1945 年在纽约重建。阿伦特喜欢编辑工作，但她对朔肯持保留意见。在写给

---

[1] 《维吉尔之死》中运用各种新式的表现手段和艺术技巧，如意识流、内心独白等，对 20 世纪现代文学产生了深远的影响。

雅斯贝尔斯的信中，她称朔肯为“犹太的俾斯麦”。朔肯性格傲慢，尽管在雇用阿伦特之前他已经在几个项目上咨询过她，但他拒绝为她介绍来的许多作家出版作品，包括瓦尔特·本雅明和兰德尔·贾雷尔。其中有一则逸事，阿伦特谈到朔肯和 T. S. 艾略特的一次会面，他对待艾略特的态度，就像他是个“旅行推销员”。在和艾略特简短交谈后，他突然起身离开房间，边走边说他会“考虑一下”。阿伦特坐在他办公室的一角，看着眼前这一幕，惊得说不出话来。朔肯离开后，艾略特起身转向阿伦特，说：“好了，现在你和我可以愉快地聊天了。”10

在阿伦特推荐的作品中，朔肯同意出版的有贝尔纳德·拉扎尔的《约伯的粪堆》(1948)，还有格肖姆·肖勒姆《犹太神秘主义的主要趋势》(1941)，阿伦特帮助编辑了这本书的美国版。阿伦特还帮助朔肯筹备出版《弗朗茨·卡夫卡日记》(1948年9月)的德文版，这本书的编者是马克斯·布罗德[1]。她的工作就是按照卡夫卡的原著逐字逐句核对布罗德“粗心大意”的稿子。阿伦特做卡夫卡日记期间，在《党派评论》上发表了一篇评论卡夫卡作品的文章。11 这篇文章后来在德国有两个版本出版，一个发表在海德堡的报纸《变革》(*Die Wandlung*)上，另一个收入她1948年在海德堡出版的《六篇随笔》中。12

---

[1] 马克斯·布罗德(Max Brod，1884—1968)，德语小说家、哲学家、文化评论家，最广为人知的身份是弗朗茨·卡夫卡的编辑和传记作者。

在阿伦特去朔肯书局工作前不久，她被介绍给奥地利现代主义诗人和作家赫尔曼·布洛赫。他们初次见面是由布洛赫的第二任妻子安妮-玛丽·迈尔-格雷费安排的。阿伦特立刻就喜欢上布洛赫。布洛赫五官立体，笑起来像个孩子，他和阿伦特的丈夫布吕歇尔一样，都有点花心。当他试图引诱阿伦特时，她恳求道："赫尔曼，让我成为一个例外吧。"阿伦特对他的拒绝并没有影响他们的友谊。

在阿伦特对《维吉尔之死》(1945)的书评中，她探讨了布洛赫作品中的时空模式，称之为"不再与尚未"。阿伦特认为布洛赫的维吉尔弥合了普鲁斯特和卡夫卡之间的鸿沟，作品中维吉尔这个人物试图跨越"不再"这个已经消失的世界和"尚未"这个即将到来的世界之间真空的深渊。在阿伦特看来，这个深渊于1914年第一次世界大战开始时开启，现在仍未关闭。不仅如此，它变得"越来越深，越来越可怕"，直到死亡工厂最终割断了两个世界间的纽带。布洛赫的这一观念，加上阿伦特对普鲁斯特和卡夫卡的解读，让她产生了后来在《过去与未来之间》中所写的"裂隙"(the gap space)的概念。[13]

但是阿伦特和布洛赫的友谊在1951年春突然中断，因为布洛赫心脏病突发，意外去世。阿伦特在给阿尔弗雷德·卡津的信中写道：

> 布洛赫的离世对我是一个突然而沉重的打击——他活着时，我并没有意识到他在我的世界中

1935 年，赫尔曼 · 布洛赫

有如此强烈的存在感。我最后一次见他，是在他去世前两天——地点在我的办公室，他经常过来，带我去蔡尔德咖啡店喝杯咖啡。在这里，就在这台打字机的旁边，是他常常睡觉的沙发。我真的无法接受他永远不会回来了这个事实。你看到了，我真的很受伤。首先，就像我在这个国家一个很可爱的朋友所说，“我把这种事（指死亡）看得很严重”（这不可爱吗？），其次，因为我开始意识到我最好的朋友中有许多人年龄都在60岁到70岁，我现在需要好好思考一下“活着”这个问题，这是一个更严肃问题的庸俗版本，也就是：一个人怎样与死人相处？这很明显，不是吗，一个人需要新的感觉，新的生活方式，新的一切……想象一下，我正坐在一个角落里，非常安静，思考着“活着”的问题。

1951年夏，阿伦特从欧洲旅行回来，去纽黑文帮助整理他的文学资产。其间，她写了一首诗纪念他的逝世：

致 H. B.[1]

活着。

但我们怎样与离世之人相处？我说，

[1] H. B. 是赫尔曼·布洛赫的首字母缩写。

在哪里啊，那曾经响在我们耳畔的声音，
他们一度做过的手势。
真希望他们仍在我们身旁。

谁认识那把他们带走的悲叹，
揭开了面纱，下面是他们空洞的目光。
什么能帮助我们呢？我们把自己送给他们，
把这种感觉扭转过来，学习活着。

1948 年夏，阿伦特离开朔肯书局，到新罕布什尔州的汉诺威度假，继续写她的《极权主义的起源》。她清空了日程表，取消了随犹太文化重建委员会到欧洲的旅行，专心写完这本书。度假期间，她的母亲玛尔塔来信说，她决定搬到英国和继女伊娃·比尔沃尔德一起住。阿伦特另一位继姐克拉拉因为严重的精神问题于 1932 年 4 月自杀。虽然阿伦特跟两个继姐的关系都一般，但玛尔塔多年来一直和伊娃保持着联系。在家里，玛尔塔和海因里希之间的关系日益紧张，玛尔塔从来不喜欢这个女婿。她中产阶级的思维方式和他的工人阶级背景相冲突，过去七年，他们一直挤在一起生活。阿伦特回到纽约待了一星期，帮助母亲打包行李准备搬家。她送母亲上了“玛丽女王”号，阿伦特回到新罕布什尔后，1948 年 7 月 26 日上午 7 时 20 分，她收到伊娃的一封电报，上面写着：“妈妈没有好转吃药昏昏沉沉醒来犯哮喘”。第二天，7 月 27 日上午 7 时 39 分又来了一份电报：“妈妈昨晚睡梦中去世正在安排火化”。[14]

玛尔塔74岁了。她在坐船穿越太平洋时就犯了严重的哮喘，一直没有完全康复。

玛尔塔的离世让阿伦特很难接受。她感到自己没有处理好，但她也承认母亲和他们夫妇不可能继续住在一起。她收到伊娃的电报后写信给布吕歇尔：“我当然很悲伤，但同时也感到解脱。这很可能是我这辈子犯下的最大错误。但我当时不能一口拒绝她的请求，因为那是出于真挚的爱。”[15]阿伦特想要满足妈妈的愿望，让她尽可能待在女儿身边，她生命的大部分时间都在努力这样做。

汉娜 · 阿伦特的母亲玛尔塔

和解

1949 年 11 月，阿伦特第一次回到欧洲，身份是犹太文化重建委员会的执行董事。它是由犹太关系大会于 1947 年春成立的，旨在收回被纳粹掠走的犹太资产。阿伦特在之前担任研究主任的职位上，草拟了一系列“轴心国占领区犹太文化财富初步清单”，并发表在《犹太社会研究》上。这些清单成为美国国务院和同盟国政府的重要政治工具，委员会也被认定为收复犹太资产的托管机构。在他人的帮助下，阿伦特到德国去了几次，成功追回了“150 万册希伯来语和犹太教书籍，无数的仪式用具和艺术品，超过 1 000 卷法律卷轴”。[1]

阿伦特没有去委员会位于威斯巴登 [1] 的总部上班。她乘火车穿梭在法兰克福、维尔茨堡、纽伦堡、埃朗根和海德堡

[1] 威斯巴登（Wiesbaden），德国中西部城市，黑森州首府。

之间，发现她曾经熟悉的城镇变成了一片废墟：“看到德国被毁坏的城市，了解到德国集中营和灭绝营的情况，感到欧洲笼罩在一片愁云惨雾中。”在给布吕歇尔的一封信中，阿伦特讽刺地将德国的景物比喻成海德堡城堡的废墟——打扫干净等着游客前来。

虽然景物变了，但阿伦特在旅途中得以和熟悉的朋友见面，这是自她逃离德国后第一次和她们见面，包括巴黎的亚历山大·柯瓦雷和安妮·魏尔，伦敦的继姐伊娃·比尔沃尔德和表妹埃尔泽·阿伦·布劳德，以及卡尔和格特鲁德·雅斯贝尔斯。战后，雅斯贝尔斯夫妇移民到瑞士的巴塞尔，阿伦特在旅程中曾挤出时间两次拜访他们。在繁忙的旅行安排中，和雅斯贝尔斯夫妇的会面让她重振精神，受到滋养。她很高兴发现雅斯贝尔斯充满活力，精神饱满，思想开放。他们一聊就是几个小时，谈哲学、出版、弗朗茨·卡夫卡、海因里希·布吕歇尔和马丁·海德格尔。

雅斯贝尔斯和海德格尔在战后恢复了通信，他把信拿给阿伦特看。这两位哲学家的关系漫长而复杂，多年来他们一直在断断续续地进行哲学对话。雅斯贝尔斯的信任促使阿伦特向他坦白了战前和海德格尔的关系，他听完后的反应是，“哦，多令人兴奋啊”。他的坦诚让阿伦特既宽慰又愉快。虽然雅斯贝尔斯听到阿伦特和海德格尔的关系时不为所动，但他接受不了海德格尔不愿承认错误，拒绝为加入纳粹党道歉。雅斯贝尔斯无法理解这种失德行为。他将海德格尔称为“我精神上的敌人”。

阿伦特和雅斯贝尔斯看法相同，怀疑海德格尔和他通信是毫无诚意的。战争年代，海德格尔担任弗赖堡大学校长期间，对待雅斯贝尔斯和埃德蒙德·胡塞尔同样冷淡。海德格尔现在被禁止担任教职，名声扫地，阿伦特怀疑海德格尔这样做是为了挽回自己的名誉。海德格尔给雅斯贝尔斯的信，她不以为然，她也很矛盾要不要和他见面。在和雅斯贝尔斯见面后，她写信给布吕歇尔：

> 关于要不要去见海德格尔，我还不知道——我把一切交给命运。他写给雅斯贝尔斯的信，我看了几封，和过去一样：其中掺杂了真诚和虚伪，或者更准确地说，是懦弱，这两种特质都同样明显。和雅斯贝尔斯在一起，我对海德格尔的热情减少了一点。一切总会回到同一件事：人们的关系是基于什么原则建立起来的。[2]

后来，阿伦特被安排在弗赖堡大学做一场讲座，她在最后一刻决定和海德格尔见面。2月7日，她寄信给海德格尔，问他是否愿意见面。关于后来发生的事有多个相互矛盾的版本。阿伦特在给希尔德·弗伦克尔的信中，讲述了这次会面的经过。她在酒店的便笺上手写了一张简短的便条，邀请他来。他立刻就来了，讲述了“一场悲剧”。而汉斯·约纳斯给出的是另一个版本：

她在弗赖堡的讲座结束后，有人敲她酒店房间的门。海德格尔站在那儿，说："我来自首。"但是，她很坦白地告诉我，他们两个当时都激动不已，我怀疑他们没有讨论出什么东西。她的好丈夫海因里希（布吕歇尔）不得不泰然处之，因为她没有向他隐瞒——特别是因为他自己也利用了现代婚姻的自由便利。他确定阿伦特是爱他的，但她和海德格尔再续前缘，这再次成为他们生活的一部分。[3]

埃尔兹别塔·埃廷格，在她写阿伦特和海德格尔的书中，从他们二人的通信中拎出一条可疑的时间线，说海德格尔去了酒店然后把阿伦特带回了自己家：

"那天晚上"，阿伦特和海德格尔单独待在他家，那封未读的信躺在手提包里。她还不知道海德格尔已经向妻子坦白了自己的不忠。阿伦特那天深夜知道了这件事，乘坐出租车回酒店的路上，她在"半睡半醒间"读了他写的便条。[4]

他们见面后第二天，阿伦特写信给布吕歇尔，描述了那天晚上的事：

我去了弗赖堡，海德格尔很快出现在酒店。我们进行了推心置腹的谈话，我想，这是我们人生第一次这样谈话……别的先不说，今天早上我和他的妻子吵了一架。25 年来，自打她从他口中得知我们的事情之后，她显然让他的生活变成了人间地狱。而他这个一有机会就必定撒谎的臭名昭著的人，显然（从我们三人激烈的对话中显而易见）在这 25 年来，从未否认过我是他一生的激情所在。只要我还活着，恐怕他的妻子都随时准备好用目光来杀死任何一个犹太人。不幸的是，她真是令人厌恶至极。

我们不清楚这些事件发生的具体时间线。因为是私人交往，我们永远也不知道他们二人之间到底发生了什么。但从这些信件可以清楚地知道，海德格尔接到阿伦特的信后，等不及第二天邮局开门，所以他写了回信，放入信封，亲自跑到阿伦特的宾馆送他的回信。他是下午 6 : 30 以后到的，要求见阿伦特。一名侍者领他走到餐厅，报了他的名字。当她看到他时，“时间仿佛突然凝固了”。[5] 从 2 月 8 日和 9 日的信中似乎可以推测，他们在一起待了两个晚上，一次海德格尔的妻子埃尔弗里德不在场，一次她在场。从他们的信件看，也可能他们 2 月 7 日那天待在酒店，然后海德格尔开车带她来到他在扎赫林根（Zähringen）的家，他安排阿伦特中午和埃尔弗里德一起用午餐，但我们对此并不确定。

他们再次见面，有一件事是清楚的，那就是他们之间的感情并没有消失。在他们见面后，海德格尔感到肩上卸下了一个重担：“晨光现在带走了我们早期恋情和远距离等待之上笼罩的黑暗。”这黑暗指的是他们恋情的私密性。在他亲自送来的阿伦特还没来得及读的回信中，他向她承认，埃尔弗里德知道了他们的关系，他第二天下午安排了午餐，希望冰释前嫌。对于阿伦特来说，和海德格尔一起的那个晚上和早晨是“对这一辈子的确认”。[6]

＊　＊　＊

关于阿伦特和海德格尔在战争前后的关系，写得已经很多了。甚至有好几本书专门讲述这个话题。在《人的境况》中，阿伦特写到“交互－存在”（inter-esse），即人们在世界上的过从交往。阿伦特和海德格尔的关系将永远是人们臆测的话题，但也许阿伦特作品中的两个概念会有助于我们理解他们之间的关系。第一个是宽恕（verzeihung），第二个是和解（versöhnung）。对于阿伦特来说，宽恕是一件私人的事：“宽恕和它所建立的关系从来都是非常私人的（尽管不一定是个人的或私密的）事务，你宽恕某件事仅仅是因为做这件事的人。”爱情关系不是政治关系，对于阿伦特来说，爱情不是世俗的。通过爱一个人，宽恕一个人，我们透过他们的表面，经由他们所有的“优点和缺陷……成就、过错和罪责”，清楚地看到他们是什么人。因为看清了他这个人，所以原谅某个行为，如此他这辈子不会被简化成一件事。然而，原谅是私人的事，处理的是人类情感的混乱状况，和解基于理智，要求沉着冷静，以及做出判断的能力。

阿伦特从欧洲回来后不久，她开始记《思想日记》。在

1950年的一篇很长的日记中，她写到了“宽恕”与“和解”。在日记中，阿伦特探讨了宽恕如何破坏了人与人之间的平等关系，因为它在宽恕和被宽恕的人之间造成了一种等级关系。具体来说，就是宽恕的人把自己的地位凌驾于寻求宽恕的人之上，寻求宽恕的人在寻求另一个人无法给予的东西。和解是宽恕之外的一个选项。我们不去实施宽恕的行为，就使一个新的开端成为可能。

阿伦特起初在《思想日记》中对“宽恕”和“和解”做了严格区分，后来在《人的境况》中，探讨宽恕、复仇和和解的话题时，她又模糊了这条界限。这三种行为的共同点在于它们都具备新开端的本质特征，这在世界上无限存在，每次有人采取行动，就有了一个新开端。

阿伦特对“宽恕”和“和解”的讨论，在思考“爱”这个话题的间隙展开。因为她喜欢旅行，喜欢和老朋友聚会，在她离开的三个月中，阿伦特和布吕歇尔的关系受到了影响。他不再回信了，也不理她恳求回复的信件：

> 我非常难过。我真的无法理解你怎么完全不懂人类最原始的责任和义务。我无法相信你如此缺乏想象力，不能想象我的感觉，像一个脱落的汽车轮胎一样在世界上疾驰猛冲，和家没有丝毫联系，也没有任何可以让我依靠的东西。[7]

阿伦特如此沮丧，部分是因为布吕歇尔最近的婚外情，她是在离家前不久刚刚发现的。虽然他们的婚姻约定中从没要求对彼此保持忠诚，但布吕歇尔大摇大摆的出轨还是让阿伦特感觉受到背叛。她从一个共同的朋友那里知道了这桩婚外情，这触犯了她的隐私感。布吕歇尔知道阿伦特和马丁·海德格尔的恋情，对此并不感到嫉妒。他给阿伦特写了一封宽慰的信："让那些人嫉妒去吧，有我这个完全不嫉妒的'丈夫'在家里等着你。我不仅不嫉妒，而且和他一样深爱着你。"总之，对于阿伦特和布吕歇尔来说，他们的关系并不建立在忠诚之上。他们接纳彼此，没有秘密，这是他们在一起的基础。阿伦特给布吕歇尔的回信也确证了他们的爱情：

> 我们的心真的又贴近了一些，我们的步调一致了。虽然生活还在继续，但这种一致不会被破坏。那些愚人认为，如果他们放弃其他人只跟配偶绑在一起，那他们就是忠诚的；那样他们将不仅没有共同的生活，而且可以说根本没有生活了。如果不是太冒险的话，我们有一天应该告诉世界什么才是真正的婚姻。

阿伦特对婚姻的理解，呼应了赖纳·马利亚·里尔克的爱情观，即守护彼此的孤独。阿伦特和布吕歇尔的婚姻体现了他们作品的精神，它是交流性的，是自由的，营造了必要的思考空间，同时一直保留着新的可能性。

爱情像友谊一样，属于人类事务的私人领域，远离公共领域的聚光灯。它需要自由，需要能够在生活的不同领域之间转换，需要重视隐私。阿伦特坚持私人和公共领域应该分开，因为她相信，一旦我们不能区分私人生活和公共生活，自由便受到限制，一旦自由受到限制，行动就不再可能。当一个人在思想上处于隔绝状态，也无法在世界上自由行动，那正是极权主义正在逼近的一个警示。

《极权主义的起源》

汉娜·阿伦特的《极权主义的起源》于 1951 年出版，同年她获得了美国国籍。经过了 18 年，她终于逃脱了“一个需要无比复杂手续的无国籍者的身份”。[1] 参加入籍仪式时，她正式把自己的名字从约汉娜·布吕歇尔改为汉娜·阿伦特·布吕歇尔，标志着一个新的开始。

1941 年阿伦特开始写《极权主义的起源》，于 1949 年完成，不久便动身前往欧洲。《极权主义的起源》是一部接近 600 页的史诗级作品，讲述了 20 世纪极权主义强势崛起的历程。在阿伦特写这部书稿时，希特勒死了，但斯大林还活着。因为阿伦特写的是当下发生的事情，随着更多信息的掌握，了解到欧洲发生了什么，苏联正在发生什么，书稿的面目也随之发生了变化。

1944 年或 1945 年的秋末冬初，阿伦特向霍顿·米夫林出版公司的编辑玛丽·安德伍德提交了第一版写作大纲，暂定名《羞耻的元素：反犹主义——帝国主义——种族主义》。她的第二稿，书名改为《地狱的三大支柱》，共十三章，分为四个部分："通往政治风暴中心的犹太之路""民族国家的解体""扩张和种族""羽翼丰满的帝国主义"。

纵览了反犹主义的历史后，阿伦特想要审视现代反犹主义如何发展成帝国主义和种族主义。1944年，她在《政治学评论》上发表了一篇题为《观点还是意识形态》的随笔，作为她撰写的《种族主义之前的种族思想》一文的第一部分。[2]这将成为《极权主义的起源》的一章，在这一章中，阿伦特对"种族思想"在德意志第三帝国的崛起中所扮演的角色进行了历史论证。根据她的分析，种族思想一度仍属于思想领域的一种观点，但在帝国主义时代和世纪之交的所谓"瓜分非洲"[1]期间，情况发生了变化。种族思想成为一种意识形态，被国家作为政治暴力的工具，用来征用土地、资源和劳动力。种族思想转化为种族主义，成为一种意识形态。并且成了一种主流意识形态，公众不假思索便接受了种族主义的观念。在阿伦特看来，在现代大众社会中，赢得支持的有两种意识形态，即阶级主义和种族主义。她写道："一种意识形态不同于一种单一的观点，它或者宣称拥有解释历史的钥匙，或者拥有关于一切'宇宙之谜'的答案，或者拥有对隐秘的宇宙规律的新知，假定这些规律在统治自然和人"。在阿伦特看

[1] 指七个西欧强国在短时间内（1881—1914年）几乎瓜分整个非洲。

来，意识形态不是观点。虽然种族思想曾经也许是一种观点，但它现在是一种意识形态，并以大众偏见的形式扎根。换句话说，它不能说是一种观点，因为它不是人们所能自由持有的。

这一分析在《极权主义的起源》中得到保留，阿伦特的研究范围扩大了。当关于纳粹集中营的消息从欧洲传来，阿伦特开始集中论述是什么让极权主义成为政府的一种新的极端形式。阿伦特追踪纽伦堡审判，阅读幸存者回忆录以及反犹材料。她认为，极权主义不同于独裁主义、暴政和法西斯主义，它建立在个人的极端原子化、扼杀自发性和政治自由的基础上。极权主义的关键要素是恐惧的工具化和集中营的使用。阿伦特写道："集中营和灭绝集中营的真正恐怖在于囚徒（即使他们能侥幸活下来）被有效地切断同活人世界的联系，因为恐怖导致遗忘。"[3]

1948年2月，《极权主义的起源》初稿完成，阿伦特写信给霍顿·米夫林出版公司，说这本书分为三部分，《反犹主义》《帝国主义》和《纳粹主义》，她正要开始写第三部分，关于纳粹主义作为一种种族主义、极权主义的政权形式。但此时，出现了"斯大林手段"（Stalinist tactics）的新闻，阿伦特开始阅读来自苏联的材料，包括佐耶·扎得勒洛娃[1]的回

[1] 佐耶·扎得勒洛娃（Zoe Zajdlerowa），爱尔兰一位新教牧师的女儿，20世纪30年代嫁给波兰人亚历山大·扎得勒后在波兰生活，见证了1939年苏联入侵波兰的情形。波兰被苏联占领后，1940年她从波兰逃到英国，途中与丈夫失散，从此再没有相见。1946年她匿名出版了回忆录《月亮的背面》（*The Dark Side of the Moon*），讲述1939年至1945年苏联占领波兰时发生的事情。

忆录《月亮的背面》，她决定修订最后一部。《极权主义的起源》于1951年出版，第三部分更名为《极权主义》：她了解到的有关“斯大林计划”（Stalin's schema）的信息，清楚地显示出，斯大林主义是一种成熟的极权主义形式。

阿伦特的《极权主义的起源》是书写希特勒主义和斯大林主义崛起的第一部综合性著作。它是紧随美国麦卡锡主义之后出版的。美国和欧洲的右翼人士将这本书解读为抵制共产主义和极权主义威胁的证据，而美国和欧洲的左翼人士批评阿伦特用斯大林主义来诋毁马克思主义，坚称斯大林主义是对马克思主义的歪曲。此外，这本书还受到了社会科学领域学者的批评，比如埃里克·沃格林，他是一位德裔美国政治学家。1953年，沃格林在《政治学评论》上发表了一篇关于《极权主义的起源》的短评，阿伦特对此做出了简短回应。阿伦特和沃格林在几个点上看法一致，但阿伦特主要的异议是“根据当下的历史和政治学现状，他们越来越没有能力做出区分”。例如民族主义、帝国主义和极权主义这些词被“无差别地用在各类政治现象上”。[4]

在政治理解的构成这一问题上，阿伦特和沃格林持不同观点。在阿伦特看来，所有的思考都是以经验为出发点的，即事件中的事实对理解是至关重要的，而沃格林则认为，要理解历史事件，只能以脱离经验的基本政治原则为出发点。沃格林等人不能理解的是阿伦特的写作方法，它摒弃了本质论和历史主义。在对沃格林的回应中，阿伦特描述了她的写作方法：

> 我的第一个问题是怎样从历史的角度写作一个我不愿捍卫并感到有义务去进行破坏的主题，即极权主义。我用来解决这个难题的方法招致了责备，说这本书缺乏整体性。我所做的——或者说，基于我受过的训练和思维方法，我能够做到的——是发现极权主义的基本要素，从历史的角度来分析它们，在我认为正当和必要的范围内，在历史中探究这些要素。也就是说，我写的不是一部极权主义的历史，而是从历史角度进行的分析；我写的不是反犹主义或帝国主义的历史，而是分析了仇视犹太人及这种情绪蔓延的因素，因为这些因素现在依然清晰可见，在极权主义的崛起上发挥了决定性作用。所以，这本书并不是像书名所宣称的那样，真的是在论述“极权主义”的起源，而是对那些使极权主义“成形”的要素进行历史描述；在这种描述之后，是对极权主义运动及其统治的要素结构的分析。极权主义的要素结构是这本书的隐形结构，而它表面的整体性是由某些基本概念来支撑的，这些概念就像贯穿全书的阿里阿德涅之线。[5]

“要素”和“成形”这些提法出自本雅明关于历史唯物主义的著作《历史哲学论纲》，它抛弃了历史主义的线性时空。通过观看不同的要素，阿伦特得以说明它们在极权主义的强势崛起中是如何锻造在一起的，以及它们如何在希特勒和斯大林政权解体后依然阴魂不散。

《极权主义的起源》的核心是第二部分《帝国主义》中题为《资产阶级的政治解放》的章节。阿伦特在其中探讨了公共生活与私人生活界限的崩塌，其前提是私人经济利益进入公共政治领域，今天我们可以称之为“政治的私营化”。曾经商人们只关心家人和自己的私生活，喜欢消费，而现在他们带着自己的商业模式，进入了公共领域。在《帝国主义》中，阿伦特详细描述了私人商业利益如何日益接管了政府的功能，因为他们需要新市场以达到持续增长的目的：“商人变成了政治人，并被承认为政治家，而他们只有在用成功商人的语言讲话时，才会受到认真对待。”[6]为了接触到新市场，他们需要政府支持来跨出民族国家的范围。就这样，商人慢慢地替代了政客，私有经济的问题变成了国家问题。但是驱动私人利益的无限制增长原则和稳定的政治制度的需求是不可调和的。阿伦特转向托马斯·霍布斯，这位研究权力的理论家，来思考为了扩张而扩张的原则，这将私人经济利益提升到政治高度，最终将导致私人和政治领域的社会化，拉平阶级差异，同时因公共领域的丧失而导致稳定的政治制度被破坏。对阿伦特来说，这意味着极权主义使得政治行动变得不可能，因为它破坏了人与人之间自发行动的可能性。

如果行动的能力来自“统一行动”，也就是人与人之间的协同，从这个定义来说，孤立的个人就是无力的。极权主义政府实行恐怖统治，将人与人隔离开，让处于孤独隔绝状态的个人与其他人为敌。世界变成了一片荒野，就像阿伦特所描述的，在那里，经验和思考都是不可能的。极权主义将人们变成隔绝、孤独个人的方式之一，就是通过系统化模糊现实和虚构的界限。这种模糊基于，在人们面对依赖于扩散恐惧来实现统治的意识形态时，无法凭借辨识力来观看或思考：

> 正如恐怖即使在它还没发展完全的、只是暴政的形式中，也会破坏人与人之间的所有关系，因此意识形态思维的自我强迫破坏了与现实的所有关系。当人们和他们的同胞以及周边的现实发生接触时，准备工作已经成功了；因为随着这些接触的发生，人们丧失了经验和思考的双重能力。极权主义统治的理想目标不是坚定的纳粹分子或坚定的共产党，而是这样一些人，对他们而言，事实和虚构之间的界限（经验的现实），真和假之间的界限（思考的标准），已经不复存在。

从马丁·路德那里得到灵感，阿伦特着重指出，孤独怎样引领一个人沿着思想之路走向最坏的结果，因为他的逻辑链条并非植根于现实，而是植根于想象。她写道："因此，在孤独的境况下，'显而易见'不再只是智力的一个手段，它开始变得有效，发展它自己的'思维'脉络。"极权主义运动的这种臭名昭著的极端主义，与真正的激进主义没有丝毫关系，它的精髓就在这种"一切都往最坏处想"，这一推导过程往往得出了最糟的结论。

现代世界中意义的丧失，其特征就是潜在的无家、无根和孤独的境况。在《极权主义的起源》的最后篇章，阿伦特将孤独视为所有极权主义运动背后的原因。她写道，孤独是恐惧的共同基础。“孤立只关注生活的政治领域，孤独则关注整个人类生活。”暴政破坏了生活的公共领域，它将个人孤立起来，破坏了他们进行政治行动的能力，但是极权主义还一定要同时破坏私人生活。极权主义“基于孤独，基于在世界上找不到归属感的经验，这是人类最极端、最绝望的经验之一”。

阿伦特所用的表示孤独的德语单词是 verlassenheit，意为一种被抛弃的状态。在这种孤独中，人们作为个体的行动能力无法完全施展，无力构建新的开端。极权主义通过破坏人们的思考能力，以及他们与自我的关系，来破坏人与人之间的空间。一个人被孤立在自己的思想中，不能分辨真与假。就这样，孤独破坏了作为思考的必要条件的独处的空间，让孤独变得危险。

＊ ＊ ＊

《极权主义的起源》出版后不久，阿伦特接受了普林斯顿大学一个客座教授的职位，她也是普林斯顿大学聘用的首位女教员。第二年，她得到古根海姆基金会的一笔资助，开始写第二本书，书名计划定为《马克思主义的极权要素》，这原本是作为《极权主义的起源》的续作。她认为，《极权主义的起源》这本书中最重大的漏洞就是缺少对布尔什维克主义的概念分析，她想要更进一步地审视极权主义政权的意识形态和方法，以及马克思主义的遗产。[7] 在基金会的资助下，1952年3月到8月，阿伦特去到欧洲，在各个图书馆进行研究，同时拜访她的朋友们安妮·魏尔和阿尔弗雷德·卡津。她继续非正式地为犹太文化重建委员会工作，在各个城市巡回演讲，还抽出时间和雅斯贝尔斯夫妇到圣莫里茨度假。和第一次回到欧洲时不同，她现在能够享受这里的新风景了。[8] 她被自然景色和建筑的美深深感动，写了一首诗给布吕歇尔，赞叹这里的美景：

驾车穿越法国

大地在一片又一片田野上写下诗歌，
沿路编织着树木，一棵又一棵，
我们在世界的土地上，
悠然行进着。

花儿在风中欢快地舞蹈，
柔软的苗床上，草的芽儿探出了头，
天空变为蓝色，我们迎着那如洗的天光，
看那一缕缕光线洒下，交错成柔软的锁链。

人们不会迷路——

大地、天空、光和树林——
每年春天都会重生，
在全能的游戏中嬉戏。[9]

阿伦特回到美国，开始在麦卡锡主义浪潮下讲马克思。令人胆寒的思想氛围并没有让阿伦特暂缓对马克思的研究。在狂热的反共运动高潮期，她发表了一篇题为《原共产党员》的文章，其中她区分了“原共产党员”（ex-communists）和“前共产党员”（former communists），前者改变了意识形态，但没有改变自己的处世方式，后者认为自己不能将方法和目标割裂开来。[10]在麦卡锡主义盛行的时候，发表这样一篇大胆的文章需要不小的勇气，因为美国司法部长威胁说要调查和驱逐那些有颠覆分子嫌疑的“外国公民”。但阿伦特从来不是一个逃避争议的人，也从不会向意识形态的要求屈服。

直到 1956 年，在麦卡锡时代末期，在一位学生父亲的要求下，美国政府才开始对阿伦特进行调查，这位父亲担心女儿受到了阿伦特教学内容的影响：

X 先生感到汉娜·阿伦特是非常危险的，危害到美国的最大利益，因为她作为客座教授在美国各地的许多学院授课。他宣称，他的女儿 1955 年在加州大学伯克利分校上了汉娜·阿伦特的课后，思想发生了彻底转变。他感到正是因为汉娜·阿伦特的影响，他的女儿决定去欧洲跟随保罗·利科[1]教授学习。

美国联邦调查局的结论是，这种模棱两可的指控不能作为立案调查的理由。

1953年秋天，阿伦特受普林斯顿大学邀请，在克里斯蒂安·高斯研讨班上讲授“批评”课程，她也是这个研讨班的第一位女性教授。师生们都很高兴能看到一位女教授，但阿伦特对此并不高兴，因为她被作为“象征性的女性”来对待。她跟库尔特·布卢门菲尔德说：“在闭幕式上，我带着一点醉意，向这些尊敬的先生说明了什么是例外的犹太人，努力让他们明白我到这里发现自己是个例外的女人。”阿伦特没有兴趣成为那个“例外的女人”，正如她没有兴趣成为“例外的犹太人”。几年后的1959年，当普林斯顿大学向她提供正教授的席位时，她威胁要拒绝，因为《纽约时报》着重强调她会是“第一位女性”。阿伦特希望以她的思想得到承认，而非因为她的存在这个事实的人物特征，在她的职业生涯中，她坚守着这一底线。当在采访中被问到这一任命时，她告诉采访者：“我对于女性教授这个身份丝毫不感到困扰，因为我已经习惯了作为女性。”[11]

[1] 保罗·利科（Paul Ricœur，1913—2005），法国著名哲学家、当代最重要的解释学家之一。

* * *

1952年，在纽约北部的巴德学院校长詹姆斯·凯斯的邀请下，海因里希·布吕歇尔接受了那里的一份教职。凯斯是从哲学系的霍勒斯·卡伦[1]那里听说了布吕歇尔在纽约社会研究新学院（New School）教书的事情，便决定聘用布吕歇尔为巴德学院的大一新生开设一门公共课。凯斯认为布吕歇尔是“一位苏格拉底式的人物”，部分是因为布吕歇尔的哲学研究方法是老派的。布吕歇尔拒绝转向分析哲学，对于哲学在社会科学框架中的地位，他有自己独特的看法。和柏拉图的老师苏格拉底一样，布吕歇尔认为哲学的责任就是要启发人类的想象力。他为公共课拟定的第一个课程大纲包括亚伯拉罕、佛陀、老子、荷马、赫拉克利特和苏格拉底，他们都是“自由人格的古老先驱”。[12] 布吕歇尔第一年开公共课时，汉娜·阿伦特在家里跟着课程进行阅读。

---

[1] 霍勒斯·卡伦（Horace Kallen，1882—1974），德裔美国哲学家。

20 世纪 50 年代，汉娜 · 阿伦特和海因里希 · 布吕歇尔

《爱这个世界》

“1957 年，一个人造的、在地球上诞生的物体，被发射到了太空中，在随后的数星期内，它绕地球运行，与不停地做旋转运动的天体——太阳、月亮和星星——一样，遵循着同一套重力规律。”[1]

汉娜 · 阿伦特的《人的境况》于 1958 年出版。这部作品以对人类探索太空的反思开始，此前一年，人类第一颗人造地球卫星发射升空。这本书写在《极权主义的起源》之后，它的时代背景是第二次世界大战，美国在日本投掷原子弹，冷战的幽灵逐渐显现。阿伦特的这部作品从本质上来说，是关于人类自由的发现，它从世界上逐步也是灾难性的消失，以及人类重获自由之条件的不可捉摸。

《人的境况》之所以成为 20 世纪的一部伟大作品，部分原因是阿伦特同时在做许多事情，使得这本书无法被轻易归入某个学科类别。阿伦特不是在质疑某一个政治难题，不是在写一部政治哲学著作，也不是在尝试为当代政治问题提供实际的解决方案。她是在写人类生活的本质活动，思考它们在历史中发生了怎样的变化。

1959 年，诗人 W. H. 奥登在《冲突》(*Encounter*) 杂志上发表了一篇评论《人的境况》的文章，他说他感觉这本书似乎是专门为他而写的。“作者似乎创造了一个我此生一直在等待的世界；如果说它是一本‘思考’的书，那它尝试回答的正是我自己思考的那些问题。”《人的境况》是一部你可以跟着作者一起思考的书，一本展示思考这一行为本身的书。

20 世纪 50 年代，自动化和核战争描绘了一幅惨淡的未来图景。“在人类历史的所有时期，人们都会对自己的命运以及自己所属阶层或团体的命运感到忧虑，但我相信很少有这样一个时期，人类活动的当下和未来在如此之多的人眼里，变得很可疑。”奥登建议《人的境况》可以作为一本词典来读，其中充满了对概念的定义，如地球、世界、劳动、工作、行动、私人、社会、公共、承诺、宽恕。

这本书在写作结构上的安排，是基于对一些概念的区分，核心就是阿伦特定义的三种根本性的人类活动：劳动、工作和行动。其中每一种活动都对应着一个人在地球上生活被给定的条件。劳动的人之条件是生命本身，劳动是与人体的生命过程对应的活动。工作的人之条件是世界性 (worldliness)，是与人存在的非自然性相应的活动。它是“人造的”。“复多性（plurality）是人类行动的条件，因为我们所有人在这一点上是共同的，即没有人和曾经活过、正活着和将要活的其他任何人相同。”[2] 劳动、工作和行动，以及它们相应的条件，“都与人存在的最一般状况“出生和死亡，诞生性（natality）和有死性（mortality）”密切相关。

在这些概念的区分中，我们看到阿伦特以不同方式在使用“condition”一词。她用这个词指“生命被给予人的那些条件”，思考人如何被周边的世界所规定，任何东西如何一经我们接触，就立刻变成了人类下一步生存的条件。[3] 在劳动、工作和行动之外，阿伦特还对私人、社会和公共进行了空间上的区分，旨在思考我们行动其间的不同领域。在翻译成德语时，她将这些空间译为“raumen”，或者“rooms”。在《人的境况》中，岌岌可危的是现代的自由，它的前提是人们有能力在生活的不同领域穿梭。现代性的崛起，破坏了人类行为的不同形式间的区别，以及它们所对应的领域。一切都被降级为社会的，所有活动都“变成仅仅为了消费而进行的劳动行为”。

看到大众社会的崛起，以及它如何将所有工作转变成劳动，阿伦特发展出一个概念，她称之为“现代世界异化”。现代世界异化的特征是两个层面的逃离，人类从地球逃入宇宙，以及人类从世界逃入自身。私人和公共领域的社会化，消费社会的崛起，“共同”（the commons）的丧失，这些现象的一个必要前提就是财富的积累，而“这只有以牺牲世界和人本身的世界性为代价”。[4]

* * *

在《极权主义的起源》中，阿伦特详细论述了极权主义的铁腕如何将人们挤压在一起，让他们无法在世界上行动；在《人的境况》中，她审视了行动的自由如何在现代世界败给了社会性的兴起。现代大众社会的兴起削弱了人类区分公共生活和私人生活的能力，这导致了常识（common sense）和一个共享世界的丧失。阿伦特通过阅读让－雅克·卢梭的《忏悔录》（1782）和勒内·笛卡尔《第一哲学沉思集》（1641），探讨了现代性如何标志着人类逃入自身，创造出一种新型的个人主义。这一思维上的转变告诉人们，他不能再信任自己在世界上的感官经验。相反，世界变成了一个可知的物体，可以量化，可以复制。复多性这一人类条件的本质特征被摧毁了，意义变得不可能，因为人类没有了共享的世界经验。记忆也变得不可能，因为没有了现身和被认可的公共空间。阿伦特认为，这意味着人们不再为了成就伟大或不朽的声名而奋斗，而是致力于彻底摆脱人类的条件。但为了成为完全意义上的人类，我们必须在公共场合出现在他人面前，必须拥有私人空间来独处和思考。只有在独处的空间中，一个人才能将世界上发生的事情转化成内在的经验，这“就像一面镜子，真理可能在其中出现”。这真理之一便是我们必须共同居住在地球上，共同建设这个世界。

＊ ＊ ＊

在现代世界，岌岌可危的是自由和政治行动。公共和私人领域的社会化，意味着我们丧失了区分公共生活和私人生活的能力，而这对自由是必要的。随着这种区分的丧失，人们也失去了自由行动的能力，因为当一切被社会化或者政治化，人们也就无处可去了。阿伦特将自由空间描述为海上出现的岛屿或者沙漠中的绿洲。[5]

《人的境况》脱胎于1956年4月阿伦特在芝加哥大学发表的系列演讲，它们是“马克思主义中极权主义要素”这项研究的材料。《极权主义的起源》探讨的是极权主义出现之前思想上的哲学转向，阿伦特想要审视马克思作品中那些可能导致20世纪灾难的特质。但是，当阿伦特通读了马克思的著作后，她发现他的作品植根于西方哲学的传统，可以向上追溯到柏拉图。在阿伦特看来，这意味着我们不能指责马克思是极权主义意识形态的始作俑者，就像我们不能指责柏拉图或亚里士多德一样。我们不能说是马克思的著作切断了西方政治哲学的传统，打开了极权主义的空间，而是“从我们的传统政治范畴从未意图造成此种局面这个意义上，我们可以说，传统的纽带断裂了”。[6]

在阿伦特开始写作时，她正在和卡尔·雅斯贝尔斯通信。雅斯贝尔斯刚刚在《月份》杂志（*Der Monat*）上发表了一篇论马克思和弗洛伊德的随笔，在读这篇文章之前，阿伦特刚刚读了雅斯贝尔斯早期对马克思持批判态度的作品《论真理》。阿伦特告诉雅斯贝尔斯："我想要和你当面对话，来挽回马克思的名誉。并不是说你对他的看法是不对的。"[7]阿伦特和雅斯贝尔斯对正义和自由持不同见解。在雅斯贝尔斯和阿伦特的丈夫布吕歇尔看来，马克思的研究并不关注正义，而是关注从劳动中获得自由。阿伦特试图从与康德一脉相承的角度解读马克思，得出的结论是马克思的研究旨在建立一个公正的社会，但是雅斯贝尔斯质疑马克思的动机，认为他动机不纯，从根上就不正义，因为他"从底片上画出了一个人的形象"。他在给阿伦特的信中说，马克思是"以西结[1]式的假先知，仇恨的化身"。[8]

但阿伦特对马克思的态度要比雅斯贝尔斯正面得多。她的批判不是全盘否定。阿伦特用马克思 1842 年的作品《关于林木盗窃法的辩论》，回应了雅斯贝尔斯的批判，请他注意马克思对"人的去人性化"和"自然的去自然化"。她认为，这两个因素是马克思"抽象社会"概念的核心，他的作品中贯穿着对这些因素的反抗，"我并非在维护作为学者的他（尽管他是一个伟大的学者，但学术正是他用意识形态的外壳摧毁的东西），更不是为作为哲学家的他开脱，而是为作为一个反叛者和革命者的他辩解。"[9]然而，如果因此认为阿伦特是马克思主义者，那就错了；她并不是。阿伦特研究马克思是为了弄清楚她所谓"传统的断裂"这个问题，这一传统始于

---

[1] 以西结，原是耶路撒冷的先知，他在迦勒底人第三次进攻犹大地时被掳往迦巴鲁河谷，在那里，耶和华的手降在他身上，他感了灵，便开始为被俘的犹太人发预言。

柏拉图，一直发展到尼采，终结于马克思对“积极生活”和“沉思生活”之层次体系的颠覆。在《关于费尔巴哈的提纲》第十一条中，马克思说：“哲学家只是在用不同的方式来解释世界，然而，关键是要改变它。”

阿伦特对马克思的批评核心是，他将劳动行为抬高成为人类的根本性活动。在她看来，这在马克思接下来的这句话中得到总结：“劳动创造了人本身。”在阿伦特对劳动、工作和行动这三个概念的区分中，她认为，劳动将我们和自然，以及我们的动物条件联结在一起。在她看来，善的生活不可能来自单纯的劳动行为，我们必须从劳动中解放出来，自由地参与到公共领域中，从言说和行动上显现在他人面前。

当汉娜·阿伦特将《人的境况》从英文翻译成德文时，她重拟了书名，即《行动生活，或论积极生活》。阿伦特认为，直至今天，“积极生活”的根本性活动主要是从“沉思生活”的角度来考量的。阿伦特进一步区分了沉思生活和心智生活，前者是专业思想家的传统工作，后者不属于任何专业领域。阿伦特的研究部分就是从人类在世界上的经验和活动的角度来考量“行动生活”。她在《心智生命》中谈到了哲学家泰勒斯[1]，指出当我们从高高在上的哲学高地来思考世界，我们就丢掉了“存在于世”的必要常识。为了在场，预见未来，思考必须从经验出发，而非哲学理想。在“序言”末尾，阿伦

[1] 泰勒斯（Thalēs，约公元前624—约公元前547），传说为古希腊第一个哲学家，认为水为万物之本原。万物皆由水而生成，又复归于水。——编者注

特贡献了一句格言:“仅仅是思考我们正在做什么。”[10]这句格言很有分量。它是对那些更关心天体而非他们脚下世界的人的控诉，它也是一种恳求，呼吁人们停下来考虑我们应从什么立场来思考人类的活动。

* * *

在1955年8月的一则“思想日记”上，阿伦特写道:“海德格尔是错的；人类不是被‘抛’‘进世界’；说到‘抛’，那人类应该和动物一样，是被抛到地球上的。人类是受到精确指引的，而非被抛进来的，正是因此，他才有延续性，才有归属感。如果我们是被抛进世界的，那是多么可怜啊！”[11]阿伦特拒绝接受海德格尔提出的“被抛境况”概念，认为这是一种绝望的形式。存在于世，意味着与世同在，这正是多年前海德格尔无法提出的。从某些方面而言，阿伦特的《人的境况》是对海德格尔思想概念的摒弃和批判，这种批判后来又出现在她最后一部作品中。

1960年《人的境况》德文版出版时，阿伦特请出版社送了海德格尔一本，并附上了下面的便条:

> 你会看到书中没有写题献。如果我们之间的关系——我是说“我们之间”，即不是你或我自身——正常发展的话，我会问你是否可以将这本书题献给你。它的直接源头就是我初到弗赖堡的日子，所以其中几乎所有的思想都要归功于你。鉴于目前的状

况，题献给你是不可能的，但我想至少用某种方式告诉你这一事实。祝一切都好！[12]

在位于德国马尔巴赫的德国文学档案馆所藏的阿伦特档案中，保存着一份这部作品的手稿，签名是“汉娜”，还有从笔记本撕下的一页，写着这样一段题献词：

积极生活：
这本书的题献省略了。
我怎么能题献给你呢，
我信任的你，
我对你既忠诚，
又不忠诚，
这两个我都爱着你。

阿伦特没有发出这段题献，也没有记录显示海德格尔对她这本书做何反应，但从阿伦特的日记中可以看出，这至少是他们之间一次谈话的主题。

1955年，在阿伦特快要写完《人的境况》时，她写信给雅斯贝尔斯，说她想要将《人的境况》题献给他：“我很晚——也就是从近几年——才开始真正热爱这个世界，所以现在才能写这本书。出于感激，我想将这本关于政治理论的书定名为《爱这个世界》。”这段话摘自她给雅斯贝尔斯写的信，在信中，阿伦特描述了她正在进行的“悲哀的任务”——为两个去世的朋友——赫尔曼·布洛赫和瓦尔德马·古里安[1]——的作品撰写序言。在上面的声明中，有一种与过去所发生的事情握手言和的意味。在失去了如此重要的朋友之后，说“爱这个世界”是什么意思呢？在阿伦特为她的一门“政治理论史”课程准备的讲义中，她给出了一个答案：“政治作家爱这个世界，因为人类事务的世界是最宽泛意义上的政治学的研究对象。”

爱这个世界，是理解世界的原本面目，并让自己与之和解。或者，用阿伦特自己的话来说，它是这样一种观念，即我们必须“面对和接受真实发生的事情”。对阿伦特来说，《爱这个世界》与她在《人的境况》开头提出的那句格言（我们必须停下来思考我们正在做什么），以及贯穿在她的思想日记和《责任和判断》中的和解观是一脉相承的。在这些观念中，包含着一种自省的批判思考的形式，因为如果要观看这个世界的原本面目，我们必须站在边缘，找到角度和独处之地来进行思考。爱这个世界要求认真对待世界，对于阿伦特来说，就是我们要与经验保持一定距离，才能讲述关于它的故事。

[1] 瓦尔德马·古里安（Waldemar Gurian，1902—1954），德裔美国政治学家、作家、美国圣母大学教授。他为人称道的是对极权主义的理论研究。

《过去与未来之间》

汉娜·阿伦特在完成《人的境况》后，开始写一部《政治学导论》的书稿。在她递交给洛克菲勒基金会的申请书中，她将这部作品描述为对政治概念的一次深挖：

> 就人类活动而言，无一例外都与行动和思想有关。这本书的写作目的有两个：第一，批判地考察主要的传统概念和政治思考的概念框架，如手段和目的、权威、政府、权力、法律、战争等。这里的"批判"不是"驳斥"。我将试图找到这些概念产生的源头，它们今天像磨损的硬币，变成抽象的简单化概括。因此，我将考察产生这些政治概念的具体历史经验和一般政治经验。因为即便是最陈腐的概念，其背后的经验依然是可取的，如果我们想要避

开某些已经证明有害的简单化概括，就必须重温那些经验，使其重回现实。[1]

《政治学导论》后来成为《过去与未来之间：政治思考的八场练习》。它在1961年初版时书名还是《政治思考的六场练习》，后在1968年第二版中扩展到八场，增加了“真理与政治”和一篇题为“太空征服与人的高度”的随笔。《过去与未来之间》中的“练习”提供的是“如何思考的经验；它们并不包含要去思考何事或要去主张何种真理的指示”。

《过去与未来之间》在阿伦特的作品中独具一格，它展示了她对思考的理解，同时论述了支撑她作品的中心论断之一“传统的断裂”。阿伦特要探讨的是，如果没有传统、历史和权威提供的那些概念和范畴，思考意味着什么。20世纪极权主义的出现造成了传统的断裂，在这一背景下，阿伦特可以自由地从过去寻找可以被抢救的东西，但她并不依赖过去。她自由地以全新的方式思考世界。用法国诗人、抵抗运动斗士勒内·夏尔的话来说，“我们的遗产未被预置任何遗嘱”。

阿伦特借用了弗朗茨·卡夫卡的寓言《他》，来表达这种思考和判断的方式，认为《他》表达出了夏尔的警句没能表达的，“是对此种困境的精确描述”。[2] 在这篇寓言中，卡夫卡描述了一种思想事件的精神现象。“他”站在一个战场上，困在过去和未来的力量之间——过去推他向前，未来迫他后退。但时间并不是一个连续体，而是在“他”站立的地方断裂了。正是人的置入，才打破了那无休无止、无动于衷地单向流动的时间。正是人的出现，才带来了新的可能性。在寓言中，“他”被困在过去和未来之间，这也规定了“他的”存在。阿伦特画了一个力的平行四边形，来描绘一个运动平面，从“战斗的行列”中跳了出来。

卡夫卡的《他》是“从巴门尼德到黑格尔的西方形而上学早已梦想过的古老梦境，梦中是一个无时间且无空间的超感觉领域”。为了摧毁这个梦，阿伦特重写了卡夫卡的寓言，将“他”置于世俗事务的领域中：“卡夫卡这一隐喻的问题在于，他一跳出战斗行列，就彻底跳出了这个世界，从外部但不一定是高处来进行评断。”对卡夫卡寓言中的“他”而言，战场就是人类在地球上的家；而在阿伦特的解读中，实体的战场让位于存在本身的形而上学战场。阿伦特通过卡夫卡，揭开了混淆存在和意义的形而上学的谬误。

思考必须从经验出发，才能影响生活经验的世界，否则它就有堕入玄学思考的危险。阿伦特写道：“（思想）乃是源自生活经验中的事件，而且必须始终与它们维持联结，将它们作为指引方向的唯一路标。”[3] 只有从这一点出发，人们才有能力通过讲故事为他们的经验赋予意义。阿伦特认为思考是一种对话行为，将之描述为“我和自己”之间的一场无声的对话。在思想的空间中，自我意识可以拷问道德心，一个人可以从另一个人的角度来想象世界，进而为自己的人生赋予意义。

* * *

1959 年秋天，汉娜 · 阿伦特到汉堡接受莱辛奖，而后飞到柏林处理一起索赔案件，和玛丽·麦卡锡在佛罗伦萨度假一周，去布鲁塞尔拜访了安妮·魏尔，10月底又到巴塞尔和雅斯贝尔斯夫妇共度一周。阿伦特回到家后，她和海因里希·布吕歇尔从晨畔高地搬到了河滨大道370号的12A公寓。在给格特鲁德的一封信中，阿伦特这样描绘她的新家：

> 两间书房的窗外是美得令人惊叹的河景。非常安静，街道和邻居家都没有任何噪声。有四个宽敞、比例恰到好处的房间和一个小房间。漂亮的厨房和配餐室，大大的衣帽间，真的很大，有几个你可以直接走进去。这栋楼的物业服务很好，日夜都有门卫。[4]

阿伦特在给雅斯贝尔斯的信中说：“门卫就像是我们花钱雇的私人警察，因为市政警察控制不了这里的青少年犯罪。”[5]值得注意的是，阿伦特这封信写了她对美国种族关系紧张状况的观察：

> 纽约的高中给所有高年级的学生布置作业，让他们想出一个对希特勒的恰当惩罚。一个黑人女孩写道：应该给他换上黑色的皮肤，强迫他住在美国。这个女孩居然得了一等奖，还获得了大学四年的奖学金！[6]

这个故事也反映了当时美国糟糕的种族关系，阿伦特的故事源于对不久前她获得的一个奖的反思，这个奖是远见基金会（Longview Foundation）授予她一年前发表在《异见》（*Dissent*）杂志上的文章《反思小石城事件》的。

《反思小石城事件》一直是阿伦特最具争议的文章之一。最初是1957年她应《评论》杂志的约稿而写的，因为阿伦特看到了一张照片，15岁的黑人学生伊丽莎白·埃克福德试图进入小石城中央高中，周围是一群怀有敌意的白人学生，以及阿肯色州的国民卫队。这一幕令人震惊，阿伦特提出的问题是："如果我是一位黑人母亲，我会怎么做？"阿伦特没有申明种族隔离的必要性，而是聚焦于那些被发动起来参与政治斗争的学生。

她的文章被延后发表，因为她的反思太有争议性。几个月后，《评论》杂志的编辑提议将这篇文章和美国哲学家悉尼·胡克的一篇回应文章一起发表，但阿伦特却决定从《评论》杂志撤稿。胡克的回应文章《民主和废除种族隔离》于1958年4月21日刊登在《新领导者》（*New Leader*）上，阿伦特的文章于一年后刊登在《异见》杂志上。阿伦特同意《异见》杂志把这篇文章作为特稿，并预先做了一些改动和评论，连同两篇批判性回应文章一起刊登出来，因为她想要瓦解她视之为"自由主义陈词滥调的重复"，对这些问题的讨论就是在这一框架内进行的。7

在《反思小石城事件》中，阿伦特批评了美国最高法院对"布朗诉托皮卡教育委员会案"[1]的裁决，这一案件颠覆了

---

[1] 1951年秋，以奥利弗·布朗为第一原告对托皮卡教育委员会拒绝黑人进白人学校就读提出集体诉讼的案件。美国最高法院的判决构成在教育领域反对种族隔离的重要法律依据。——编者注

“普莱西诉弗格森案”[1]的裁决，终止了“隔离但平等”的原则，从而开启了强制种族融合的进程。阿伦特的观点基于她在《人的境况》中对社会和政治的区分。政治变革必须通过劝服而非暴力来进行。但阿伦特对“劝服”的理解不同于自由派，将两者等同就是对她的一种误读。她不是一个进步人士，也不是自由派人士，她对“劝服”的理解植根于雅斯贝尔斯的哲学和康德的《判断力批判》。这种劝服的形式，是一种对语言和“他者”的极端可能性保持开放的形式。一个人不仅是可以自由地从另一个人的角度来想象世界，他们也有这样做的道德义务。

在“布朗诉托皮卡教育委员会案”的裁决中，阿伦特看到种族隔离的支持者利用联邦政府来绕过政治斗争的必要性，她对利用孩子换取政治利益的父母进行了批判；教育机构是社会空间，不应被政治染指。她认为，政府不应干预学校教育，不能强行实施社会平等，它与政治平等是不同的。在她看来，社会平等必须自下而上实现，通过对话而非法律。

在回应文章中，有一篇对作家拉尔夫·埃利森的访谈，载于罗伯特·佩恩·沃伦所编的文章合辑《谁为黑人发声？》(2014)。谈到“牺牲的理想”时，埃利森说：

汉娜·阿伦特不理解南方黑人中这种理想的

[1] 美国历史上一个标志性案件，对此案的裁决标志着“隔离但平等”原则的确立。——编者注

重要性，这让她在《反思小石城事件》中变得过于“左”。她在文中指控黑人父母在推进学校种族融合的斗争中利用自己的孩子。但她对黑人父母的想法完全没有概念，他们决定让自己的孩子走在这些敌对人群中间……因为在许多这样的父母看来（他们也希望这个问题不存在），孩子从小就要学会直面恐怖，克服自己的恐惧和愤怒，就因为他是一个美国黑人。[8]

阿伦特在一封私人信件中对埃利森的访谈做出回应：

你说的完全正确，我不理解的正是这种“牺牲的理想”；因为我的出发点是考虑黑人孩子在一所被强制融合的学校里的处境，这种不理解确实让我走到了一个完全错误的方向……你的话我觉得完全正确，我现在意识到自己完全没有理解这一局势的复杂性。[9]

埃利森没有改变阿伦特对政治和宪法危机问题的看法，但他的确说服了她，让她看到自己在考虑出发点时忽略了一个重要的心理层面的因素。

许多学者都在探讨阿伦特在种族议题上的写作。一些人将她关于小石城事件的文章视为她作品中的另类，将之视为她思想中复多性的条件和区别对待的权利这两者的自相矛盾。

另一些人说，她看不到美国种族主义的社会意义，认为阿伦特从本质上是有偏见的人，指出她采用的哲学范畴如康德的判断力和“扩展思维”的观点（能够从另一个人的视角想象世界），证明了她的认知存在漏洞。还有一些试图为小石城文章辩护的人主要抓住两个论点：第一，阿伦特关心的是孩子的身心健康。她认为孩子不应该被利用来进行政治斗争，不管是抗议越南战争还是争取种族融合。第二，阿伦特对集权政府持警惕态度，认为不可能从人的内心深处对种族主义进行立法。

在阿伦特看来，“平等”一词对于民主政治生活是危险的，她一贯主张，人与人从根本上是不平等的，只有在这个意义上他们才是平等的。阿伦特断言，即使美国实现了社会、经济和教育的平等，也只会加剧对黑人的歧视。对她来说，这个推理逻辑与“自由结社的权利，也就是差别对待的权利，比平等原则具有更大的有效性”这一政治论点是一致的。阿伦特认为政治中没有平等可言，被压迫民族一直被排除在公众领域之外，在这一点上，他们的困境没有任何改变。有人可能会说，她忽略了压迫的特殊条件，而去倡导一种普遍的善，一种建立在差别对待之上的善。

阿伦特这篇文章和她的其他写种族问题的文章是一脉相承的，写这样一篇文章的代价是引来争议，但这对她来说也并不新鲜了。

《艾希曼在耶路撒冷》

1963 年，汉娜 · 阿伦特的《艾希曼在耶路撒冷》出版后，欧文 · 豪和莱昂内尔 · 阿贝尔[1]召集纽约文学界人士开会。会议由《异见》杂志主办，地点在曼哈顿市区破败的外交官酒店，参会的诗人罗伯特 · 洛厄尔说“大会如同一场审判，要将那个家族异类处以石刑”。酒店就像一个作战室。数百人涌进大堂，历史学家劳尔 · 希尔贝格、犹太复国主义作家玛丽 · 瑟尔金和哈佛教授丹尼尔 · 贝尔先后登台，谴责不在场的阿伦特。阿伦特本来也受邀参加，但她远在芝加哥教书，无法赶来。会上只要一提到她的名字，人们就会“报以嘲讽的掌声”和“惊骇的叹息”。阿贝尔愤怒地用拳头敲击着桌

[1] 莱昂内尔 · 阿贝尔（Lionel Abel，1910—2001），美国犹太裔剧作家、散文家和剧评家。

子，谴责阿伦特将大屠杀称为平庸之恶，居然认为纳粹比受害的犹太人更值得同情，犹太人遭受的苦难是自作自受。也有人为她辩护，比如阿尔弗雷德·卡津，他浑身不自在地走上讲台，说："毕竟，阿伦特没有杀害过一个犹太人。"他在一片哄笑声中下了台。[1] 玛丽·麦卡锡说，那场会议"不亚于一次集体迫害"。

1960 年夏，阿伦特在卡兹奇山 [1] 度假时，阿道夫·艾希曼被捕的新闻爆出，他是在阿根廷被以色列摩萨德 [2] 特工抓捕的。阿伦特认为这是一次"直面人类事务和行为之边界"的机会。她写信给《纽约客》的编辑威廉·肖恩，主动请缨报道这场审判。这是她"亲眼看到一个有血有肉的纳粹头子的最后机会"，她想要让自己直面那个"恶贯满盈的人"。[2]

审判定于 1961 年春天举行，阿伦特调整了她在西北大学、哥伦比亚大学和瓦萨学院繁忙的教学计划，并推迟了洛克菲勒基金会为期一年的资助。她告诉基金会："你们会理解我为什么要报道这场审判；我错过了纽伦堡审判，我从未见过那些活生生的战犯，这很可能是我唯一的机会了。"她在写给瓦萨学院的信里说："我隐约感到，参加这场审判是我对自己的过去必须履行的义务。"[3]

---

[1] 卡兹奇山是美国纽约州哈得孙河以西、奥本尼西南方的一处高原。由于保留着自然风光，而且距离纽约市不远，自 20 世纪初开始东欧移民逢假期大都会来这里。

[2] 摩萨德全称为以色列情报和特殊使命局，由以色列军方于 1951 年建立，与美国中央情报局、英国军情六处、俄罗斯联邦安全局（克格勃）一起，并称为"世界四大情报组织"。

1961 年 4 月 7 日，阿伦特经由巴黎飞抵以色列。沙南·克兰波特带着家人在机场迎接她，来接机的还有她住在以色列的老朋友库尔特 · 布卢门菲尔德，以及远房表妹埃德娜 · 菲尔斯特。阿伦特上次来以色列，还是 1935 年跟随“青年阿利亚”走的海路，所以这次到访她很高兴，她乘坐飞机穿越勃朗峰，沿着意大利的海岸，越过克里特岛，称之为一次“迷人的”旅程。审判定于 4 月 11 日开始，阿伦特到来时，媒体正乱成一团，他们担心审判会延期结束。她立即将回程日期推迟了一周，好在审判间隙去拜访一些朋友。她先是在市中心乔治国王街的摩里亚酒店订了一个房间，但那里太吵，后来又换到了伯哈基琳（Beit Hakerem）的帝国酒店（Hotel-Pension Reich）。

4 月 20 日，她给海因里希 · 布吕歇尔写信，描述了她对那场审判的初始印象：

> 这里一切都在按照人们的预期进行，有高潮有低谷，玻璃罩子里那个鬼魂听着他的声音从磁带里播放出来。我猜你已经从报纸上读到他希望自己被公开处以绞刑。我哑口无言。整件事情真是平庸至极，无法言说的卑劣，令人厌恶。我现在还不能够理解，但我感觉在某个时刻那个硬币会掉下来，很可能会掉到我的腿上。[4]

从一开始，阿伦特就对诉讼程序感到不满。她原本期待

1961 年，汉娜 · 阿伦特在耶路撒冷

在这场审判上能见证对艾希曼犯下的滔天恶行的指控，但没料到，她看到的是一个关在玻璃罩子里的小丑，上演了一出“廉价的戏剧”。[5]法庭连续好几天连艾希曼的名字都没提，也没有对这个恶贯满盈者的审判，诉讼程序变成了对“犹太人的不幸”所做的“某种历史评估”。她如坐针毡，想要离席而去，同时又担心如果走了会错过什么。[6]

1961年12月15日，审判结束，阿道夫·艾希曼以“反犹太人罪”被判处死刑。在他的上诉被以色列法庭驳回后，1962年6月1日，艾希曼被处以绞刑。阿伦特对这场审判的报道于1963年2月15日至3月16日分五次在《纽约客》上连载。5月，这一系列报道以单行本的图书形式出版，名为《艾希曼在耶路撒冷：一份关于平庸的恶的报告》。

在这本书的最后，汉娜·阿伦特抛弃了法院对艾希曼的判词和量刑，提出了她自己的版本：

> 政治不是儿戏。论及政治问题，服从就等于支持。您支持并执行了不与犹太民族，以及诸多其他民族共享地球这项政治意愿，似乎您和您的上级有权决定，谁应该或谁不该居住在地球上；同理，我们认为没有人，也就是说，整个人类中没有任何一个成员，愿冒天下之大不韪与您共享地球。正是这个原因，这个独一无二的原因，决定了您必须被判处绞刑。[7]

她将战争犯罪的问题置于法律框架之外，把它定性为与人类同胞共享地球的问题。艾希曼必须死，因为他的行为无法见容于我们必须共享的这个世界。他违反了人之境况最重要的一点：复多性。她的判词不是法律意义上的，而是针对艾希曼和法院诉讼程序的抗辩。对阿伦特而言，正义需要审判来彰显，然而看到战后的审判变成了一场表演，一面高举着正义的旗帜，另一面却并没有真正审判被告的罪行，这让她感到忧虑。她想说的是，在审判开始之前，判决就已经确定了。审判的目的只是提供一份记录，让人证出场。如果审判原本的意义是通过证据和辩论来证明个体及其行为触犯了法律，那么对艾希曼的审判是失败的，因为从理论上讲，艾希曼没有触犯任何法律；他是在执行那些从一开始就不该被制定的法律。

那年夏天，格肖姆·肖勒姆写信给汉娜·阿伦特，说她对审判的报道让他感到“怒不可遏”。他震惊于她的口吻，震惊于她竟然指出犹太人是这场灾难的同谋，也就是犹太人委员会的角色，他们负责遴选要被遣送到集中营的犹太人。肖勒姆无法理解阿伦特的口吻和她写作使用的风格：

> 你采用了那样一种冷酷无情、完全恶意的口吻来处理这个和我们生活的中心如此深刻相关的主题。在犹太语言中，有某种极难定义但又完全具体的东西，犹太人称之为 Ahavath Israel（对犹太民族的爱）。在你身上，亲爱的汉娜，看不到这一点，

就像许多德国左翼的知识分子一样。[8]

阿伦特在回信中说：

> 让我们进入正题。接着刚才所说，我就从“对犹太民族的爱”谈起吧……你说得很对，我没有这种爱，原因有两点：首先，在我的一生中，我从未“爱过”某个民族或集体——既没有爱过德国人、法国人和美国人，也没有爱过工人阶级，以及任何在忠诚的标价范围内可能存在的集体。事实在于，我只爱我的朋友，而完全无法拥有任何其他种类的爱。[9]

阿伦特对肖勒姆的回应渗透了她政治思想的两个要素：身份和爱。犹太人身份是她的存在的事实，而不构成她与一个民族或一场运动团结的基础。正如她在《人的境况》中写到的，爱是非政治的，因为它使人远离世界。这一观点在她1962年写给小说家詹姆斯·鲍德温的信中再次得到重申，信的内容是关于被压迫民族的团结问题，她说：“在政治中，爱是一个陌生人，当政治侵入爱，除了虚伪，什么都不会有。”[10]如果不提及犹太人委员会的角色，就背离了她报道真相的职责。也许更重要的是，她向他们问责，是将他们视为有道德责任感的完全的人（full persons），不像艾希曼，是个无力进行复杂、自省思考的平庸的小丑。

＊ ＊ ＊

在写作《艾希曼在耶路撒冷》时，她对自己在《极权主义的起源》中做出的几个论断进行了深入思考。在《极权主义的起源》的末尾，她描述了一种伴随极权主义的崛起而出现的新的“根本的恶”，这种恶的标志就是对集中营的使用，造成了“被遗忘的洞穴”：“我们可以说，根本的恶与一种制度同时出现，在这种制度中，所有人都同样变成了多余的。”在见证了艾希曼的审判后，阿伦特看到“被遗忘的洞穴”并不存在，因为“世界上有太多人让遗忘成为可能”。更重要的是，阿伦特观察到，根本的恶是不存在的。在艾希曼身上，她看到，恶事实上是平庸的。“我认为，恶在任何情况下都只是极端的，而从来不是根本的：它并不具备深度，因此也没有什么恶魔般的色彩。恶可以毁坏整个世界，就像霉菌一样在表面肆意蔓延。只有善才有深度，可以是根本性的。”[11]

对阿伦特的《艾希曼在耶路撒冷》有几个常见的误解，她在接下来几年里通过演讲、文章和论文进行了回应。第一个误读是她所谓的恶之平庸性的意思。阿伦特在 1964 年接受约阿希姆·费斯特的采访时直接回答了这个问题：

> 其中一个误解是，人们认为“平庸”就是“普通”。但我认为……这不是我的意思。我没有一丁点暗示说，我们所有人都可能是艾希曼，人人身上都有艾希曼，其他就只有魔鬼才知道。这扯得太远了！

我完全可以想象和一个人谈话，他在跟我说一些我从未听过的事情，这一点也不“普通”。然后我说：“这真是废话。”我所说的“平庸”指的是这个意义。

·

艾希曼并不愚蠢，他知道自己在做什么。阿伦特的观点是，他缺乏可以延展的想象力，即从他人视角想象世界的能力。她用一个农民看待挨饿的故事说明这一点，故事是她在战时从德国作家、军国主义者恩斯特·容格尔那里听来的：

一个农民收留了几个刚从集中营出来的俄国战俘，当然他们都饿坏了——你知道俄国战俘在里面是怎样被对待的。这个农民跟容格尔说，“你看，他们是亚人类……就像牲口！这一点显而易见，他们吃的是猪食”……“有时感觉德国人民好像被魔鬼附体了。”他说这句话没有任何“邪恶”的意思。听着，这个故事中有一点是愚蠢至极的。我是说，这本身就是个愚蠢的故事。那个农民不明白，人饿极了什么都会吃。换作任何人都会这么做。但这种愚蠢却有其残忍之处……艾希曼非常聪明，但从这个角度讲他是愚蠢的。然而，残忍的正是他的这种愚笨，因为你就像在对着一堵砖墙讲话。我所谓的“平庸性”其实是这个意思。它没有任何深度——也没有任何邪恶之处！它只是拒绝想象他人的感受，难道不是这样的吗？[12]

在阿伦特眼中，艾希曼是一个小丑，不是因为他很滑稽，而是因为他缺乏理性，没有能力做延展性思考。阿伦特想要“摧毁伟大的邪恶和恶魔力量的传说”。为此她引用了诗人贝托尔特·布莱希特的一句诗，他建议“重大的政治犯必须被示众，尤其要被置于笑声中”，她提出，悲剧在处理苦难主题时没有喜剧严肃。在阿伦特看来，“在这种情况下保持正直”的唯一方式就是记住这一点，做出如下判断，即不管艾希曼怎样罪大恶极，他依然是一个小丑。以这种方式，笑声成了实现自主（self-sovereignty）的手段，以及拒绝赋予恶人合法性的方式。

另一个对阿伦特“恶之平庸性”的常见反应是，她是在宣称任何人都可能犯下艾希曼所犯的罪行。在阿伦特看来，这是一个判断力的问题，1964年，她在伦敦做客英国广播公司（BBC）第三套节目，通过广播谈话来回应这一指责。精简后的谈话文稿定名为“独裁统治下的个人责任”，收入《聆听者》（*The Listener*）一书出版（1964年8月6日）。阿伦特区分了法律问题和道德问题，两者并不相同，但它们有某种相似性，即它们都预设了，人是有判断力的。法律和道德问题的区别，对于阿伦特思考思维和判断之间的关系是重要的，因为从理论上讲，纳粹政权所做的一切都是合法的——他们是在遵从法律行事。在这个意义上，艾希曼犯下的并非正常意义上的罪行，但显然他所做的是错误的，错误是一个道德问题，而非法律的判断。当一个人违反的是道德准则而非法律条款，我们又能让他承担怎样的个人责任呢？

在阿伦特的判决中，艾希曼不只是违反了社会的规范性道德秩序，因为极权主义已将全部既有的道德判断准则尽数摧毁。阿伦特在个体责任和政治责任间做了进一步区分，她描述了在欧洲，个体判断力是如何几乎全线崩溃的，以及为什么说在某种程度上，每个人都负有政治责任。但是她认为，一个人不能为他人的罪责承担责任。就是说，一个人不能为自己没有做过的事感到愧疚。在德国的情况是，那些没做任何错事的人深感愧疚，而像艾希曼那样罪大恶极之人，却没有丝毫负罪感。

对阿伦特而言，问题是："那些参与其中的人和选择抵制的人有什么不同？"答案是思考能力。没有参与的人是那些敢于做出独立思考的人，他们能够这样做，不是因为他们拥有更好的价值体系，或是因为关于对错的传统价值观依然适用，而是因为他们自问，如果做了某些事，他们在何种程度上还能与自己和平相处，他们决定什么也不做会更好，因为这是他们唯一能继续生活的方式。那些没有"随大流"的人选择了思考。

《艾希曼在耶路撒冷》一直到2000年才被翻译成希伯来语，那时在以色列才能买到。之前，以色列的出版社拒绝印刷这本书，书店则拒绝售卖。阿伦特不得不自己寄书给那边的朋友们。塞缪尔·格拉夫顿受摄影杂志《看》(*Look*)委托，负责报道了人们对《艾希曼在耶路撒冷》的反应，在写给他的一封信中，阿伦特说自己想要报道这场审判的原因有三点：

> 首先，我想要亲眼看看一个有血有肉的纳粹头子……其次，有一个流传很广的理论，我对此也有贡献，它认为这些罪行挑战了人类判断力的可能性，摧毁了我们法律机构的框架……最后，我思考了许多年，具体说是三十年，关于恶的本质这个问题，鉴于那些恶行已是人所共知，我就希望能亲身接触那个作恶的人，这可能是我决定去耶路撒冷最强的动机。[13]

对阿伦特报道的反应，其本身就是一个重要的政治现象。格拉夫顿问阿伦特，她是否认为她的作品引起的反应为犹太生活和政治的紧张状况提供了新的认识视角，以及她认为这些攻击背后真正的原因是什么。阿伦特说，她感觉自己“无意中触碰到了德国人称之为‘无法掌控的过去’中的犹太部分”。她补充说：“今天在我看来，这个问题迟早都会浮出水面，我的报道只是将它具体化了，呈现在了那些不读大部头的人（比如希尔贝格）面前。”对于格拉夫顿的第一个问题，阿伦特认为没有确定的答案，但是她的确认为对她发起的攻击是有组织的，因为她提到了犹太领导层的角色，所以感觉受到攻击的犹太组织就发起了反击。

《艾希曼在耶路撒冷》在首次出版后的五十余年里，一直是一部饱受争议的作品。阿伦特在书中对人类意识、道德和政治的论述让读者不快，但真正让读者愤怒的是她的叙述口吻，而她却拒绝为此道歉。在一次采访中她说：“这个，我是没办法改的。”书中的讽刺口吻不能脱离开它的文本。就像

《极权主义的起源》《人的境况》《过去与未来之间》一样，阿伦特的形式和内容是浑然一体的：她根据内容来选取形式，呈现她的思考和论点。

在阿伦特看来，这场文学秀场审判最令人沮丧的部分是，她被判有罪的原因是一本她从未写过的书。她写道，许多批评她的人压根就没读过这本书。他们反对的是她的讽刺口吻，不是书的内容。最糟糕的是，他们更感兴趣的是抨击她本人而非书中的观点。

阿伦特的回应是，既不屈服就刑，也不拒绝接受那些汹涌而来的反馈。她坚持正面回应这个问题。阿伦特最感担忧的是一种利用谎言来侵蚀现实的政治宣传形式。她警告说，政治权力总是会为政治利益而牺牲事实真相。这种谎言和政治宣传对于改写历史是必要的，但它的副作用就是对我们在世界上赖以指引方向的常识的破坏。

公共空间里真相的失落对于政治自由造成了威胁。阿伦特意识到，在公共空间讲述自身的真实经历是非常危险的。讲真话的人总是被排除在政治领域之外，经常成为集体鄙视的对象。在阿伦特晚年，当被问到在这本书带给她许多麻烦后，是否还愿意再次出版《艾希曼在耶路撒冷》时，她表现得桀骜不驯。她提起那句经典的格言，“纵使世界毁灭，也要让正义得到伸张”[1]，而后又否定了它。她问了一个在她看

[1] 这是神圣罗马帝国皇帝斐迪南一世的座右铭，后来成为统治国家的重要原则。

来更为迫切的问题："纵使世界毁灭，也要让人们说真话吗？"她的回答是，要。

* * *

离开耶路撒冷后，阿伦特和海因里希·布吕歇尔一起到巴塞尔看望雅斯贝尔斯夫妇。这是海因里希1941年逃亡后第一次回到欧洲，也是他第一次见到雅斯贝尔斯本人。早前阿伦特第一次回到欧洲后，就一直和雅斯贝尔斯保持通信，后来雅斯贝尔斯对海因里希印象深刻，便直接给他写信。他们离开巴塞尔后，又去了意大利的帕埃斯图姆和锡拉库萨。阿伦特第一次到巴勒斯坦旅行时，就爱上了锡拉库萨的希腊和罗马废墟，想带布吕歇尔看一看。

1961年秋，他们回到家后，布吕歇尔得了动脉瘤。当时阿伦特正在康涅狄格州的卫斯理大学教一门"马基雅维里"的课，同时她的《论革命》书稿也进入尾声。她的好友，作家夏洛特·贝拉特"发现他（布吕歇尔）精神错乱，身上有多处香烟造成的伤痕，在一堆乱糟糟的文件、书和底朝天的家具上来来回回地走"。[14] 他被送往哥伦比亚大学医学中心。阿伦特给玛丽·麦卡锡打电话，让她帮忙代课，然后回到纽约照顾自己的丈夫。她到医院后，神经科医生给出了布吕歇尔的预后诊断，她是这样向他转述的："这种情况有50%的存活率。"海因里希回应道："别难过，你忘了还有另外50%呢。"

等布吕歇尔恢复到可以自理的程度，阿伦特回到康涅狄格州，一周上三天课，其余时间待在纽约陪伴布吕歇尔。到

12 月，她已经写完了《论革命》，同时在校对《艾希曼在耶路撒冷》的书稿。1962 年 1 月，她受邀前往芝加哥授课，但身体却出了问题。在授课期间，她得了感冒，伴有呼吸道并发症，对治疗用的抗生素又有严重过敏反应，就这样勉强地完成了授课任务。3 月，她回到纽约，结果在中央公园遭遇了一场车祸，差点没命。一辆卡车撞上她坐的出租车，导致她脑震荡，九根肋骨断裂，牙齿受损，手腕差点骨折，身体多处撕裂，双眼大出血，还有剧烈震动造成的心肌损伤。[15] 阿伦特向玛丽·麦卡锡讲述了这次事故：

我在“去往医院的”车里醒来，意识到刚才发生了什么，我试着动了动手脚，发现自己没有瘫痪，眼睛也能看见东西；然后试了试记忆力——非常认真地想，一个十年接着一个十年，还有诗歌、希腊语、德语、英语；然后是电话号码。全部都没事。重点是，有那么一瞬间，我感觉要活还是要死是我可以自己决定的。尽管我认为死并不可怕，但我也觉得人生太美好了，我很热爱它。到医院后，给我做手术的是一位年轻有为的神经外科医师，他说：“虽然看起来很可怕，但我认为你伤得并不严重。”我很确定他是对的。在医院，我和今天的世界有了一次面对面的接触，这个平常和我们隔绝开来的世界令人难以忍受。从医疗条件来说，一切都很好；但是这里的管理、护士和他们的助手，还有食物，都糟糕透顶到了令人难以置信的地步。医院里一切的运行遵从一句话：我们完全不关心。[16]

几个星期后，阿伦特出院了。[17] 夏洛特·贝拉特让玛丽·麦卡锡放心，说住院期间阿伦特的精神很好，一直在收集鲜花、电报、便条和信件，“像个孩子一样”。但这一整年，坏运气都伴随着他们。这年秋天，在阿伦特计划去芝加哥时，布吕歇尔又病倒了，她要在那里开一门“政治学导论”的课。后来的安排是，她隔一个周末就飞回纽约照顾海因里希。

那个春季学期结束后，命运终于给了他们喘息的机会。布吕歇尔的身体好转，他们一起去了意大利、希腊和以色列度假。阿伦特描述说，这几周假期他们过着“神仙般的快活日子”。夫妇俩一起去看文物展览、买衣服、喝金巴利酒和葡萄酒、吃美食。这次旅行，阿伦特只读了一本书，就是歌德的《意大利游记》(1817)。用她的话说，她是在罢工，每天欣赏着美景感到心满意足：“西西里——尤其是锡拉库萨——非常美丽。首先要说那个奇怪的教堂，装饰着最精美的多立克圆柱，是罗马风格的，还有一个巴洛克晚期风格的立面，那是我见过最美丽的立面之一。”对于阿伦特和布吕歇尔来说，这是一次难得的休息，在近二十年的密集写作、出版、编辑、教书、旅行，以及疾病折磨之后，他们终于有了一次慢下来的机会。

《论革命》

1963 年秋，汉娜 · 阿伦特和海因里希 · 布吕歇尔回到家，此时的美国政坛风云诡谲。美国日益深陷越南战争的泥潭，民权运动势头高涨，11 月 22 日，约翰 · F. 肯尼迪在得克萨斯州达拉斯被刺杀。阿伦特写信给卡尔 · 雅斯贝尔斯，口吻非常急迫："现在处于平衡状态的唯有共和国的存在，仅此而已。"[1]

肯尼迪被刺杀时，阿伦特正在芝加哥大学教书。她和玛丽·麦卡锡和汉斯·摩根索一起观看了肯尼迪葬礼的现场直播。阿伦特在选举中投了肯尼迪的票，认为他的参选标志着政党机制的终结。在一篇写肯尼迪与尼克松辩论的文章中，她写道："1960 年的提名已成定局，不是因为大会被操纵，而是因为在没有党内机制帮助的情况下，候选人的拉票能力已经在初选和民意调查中证明了自己。"[2] 阿伦特认为，政党的衰落会使得独立选民在选举中拥有更大的权力，如果政党机制推出在其内部拥有最大权力的候选人，而不是让人民自由选择，那么公民选举就是形同虚设。

1963 年阿伦特适时出版了《论革命》，但因为《艾希曼在耶路撒冷》被持续热议，它没有引起应有的关注。阿伦特写这本书的想法起源于 1959 年春，她在普林斯顿大学参加了一场名为“美国和革命精神”的大会。大会聚焦于“作为相反社会变革模式的美国、法国和俄国革命”。普林斯顿大学邀请了新成立的古巴政府首脑菲德尔·卡斯特罗做主题演讲。据当时在现场参会的一个学生说，卡斯特罗称自己为“实践型的革命者”“一个没有学习过革命却制造了一场革命的人”。他认为古巴革命更多地承继了 1776 年美国革命的传统，而非 1789 年的法国大革命或 1917 年的俄国革命，部分是因为它证明了“在人民没有饿肚子的时候制造一场革命是可能的”。[3] 阿伦特支持古巴革命，这场革命于 1953 年夏开始，她在《党派评论》上发表文章，称这场革命是一个例子，“当穷人不再默默无闻地隐匿在农场和家庭中”，“可以将他们的苦难”公之于众时，会发生什么。

1966 年当阿伦特在芝加哥大学讲授“革命”时，她在课程开始就反思说，她讲的是一个“热门到令人发窘”的话题。革命在 20 世纪已成为家常便饭：1953 年的古巴革命、1956 年的匈牙利革命、1962 年的古巴导弹危机（阿伦特称之为“静默的革命”），以及越南、韩国和希腊的军事政变，还有中国的“文化大革命”。她宣称，革命是政治腐朽、权威崩塌、传统失落的信号，它们标志着决裂，并将某种新事物带到了世界上。

《论革命》是对法国大革命和美国革命的比较研究。根据阿伦特的分析，法国大革命的失败，是因为它背后的驱动力是贫穷这一社会问题，以及同情和悲悯的情感。法国大革命者在公共领域的行动中找到了自由，但又无法建立一个言论和行动的永恒空间，因为他们和人民的团结是建立在贫穷、不平等和暴力的基础上的。阿伦特认为，像贫穷这样的社会问题不能通过政治来解决。因为对她而言，社会问题是经济分配的问题。

她对法国大革命的解读是，通过政治手段解决社会问题的尝试只能导致暴力。在全面考查了法国、古巴和匈牙利的革命后，她的结论是："把人从贫穷中解放出来，这一点因其迫切性，永远都优先于建立自由。"正如她在《人的境况》一书中指出的，自由始于生存必需品得到满足之后。和法国不同，她认为美国的发展没有受到经济不平等的阻碍。美国革命的先驱们是成功的，因为他们关心的不是平等问题，而是自由这一政治问题："'革命性'一词只能用于那些以自由为目标的革命。"[4]

革命为自由建立了政治空间，在其中人们可以作为平等的公民出现在他人面前。这种政治观念植根于阿伦特对复多性的理解中。复多性是人类存在的一个事实，行动的必要条件，一种对平等和差别的体验。复多性要导向行动，其必要条件会受到要求社会平等的威胁，阿伦特将之视为现代性的显著特征。社会的崛起导致了政治体制的崩溃，让私人利益堂而皇之进入公共领域，消除了政治利益和经济利益的差别。

阿伦特认为今天我们提到革命，好像它必须发现某个新东西，必须足够激进，改变政府与社会的整个结构。革命不只是“让另一批人成为政府的头脑，或者使得某一部分人上升进入公共领域”的问题。这两个条件会导致两种形式的革命：社会的和政治的。社会革命改变了社会结构，就像我们在法国大革命和马克思对一个没有阶级的社会的承诺中看到的；政治革命则建立了一个新的政体，比如美国革命建立了一种新型政府形式。对于社会和政治革命而言，权威的崩塌是必要条件，如果警察和军队等武装力量的忠诚度不减，革命便不会取得成功。这种革命也不会随着政体的解体而出现，它要取得成功，“必须还要有人热切地准备好承担责任，接手权力——伺机而动。在 18 世纪这些人就是文人（hommes de lettres）”。[5]

在美国革命中，阿伦特看到了一种植根于地方政治的更民主的政府形式的可能性。通过阅读托克维尔的作品，她发展出一种对议会体制的观念，想象一种在公共参与中找到幸福的公民参与形式。像美国这样的宪政共和体制能够保证公民的权利，但权利的保障还要依靠公民行使自己的政治权利。在阿伦特看来，政治不是来源于我们践行信念的勇气，这很容易，而是来源于我们对建立在日常生活和公民习惯之上的经验的勇气。公共幸福感的经验对于保存革命的精神是至关重要的。

她对代议制政治持批判态度，因为选举他人来代表自己的利益，就意味着拒绝承担民主责任。而且，在对美国政治改革的多年观察里，阿伦特看到政党机制是如何日益让公民变得无能为力的。人民移交给政党的政治权力越多，他们在政治中的权力就越少。就这样，官僚机构和利益集团凌驾于公民参与之上，公共生活中所有的快乐都消失了。

阿伦特肯定美国政治制度的优点之一是三权分立。这来源于法国哲学家孟德斯鸠提出的学说，阿伦特认为，孟德斯鸠、马克思和托马斯·霍布斯同是现代性的伟大思想家。孟德斯鸠发展出一种并非纯然工具性的权力观念。在制定政府部门时，他找到了一种根据“人的三种主要政治活动：制定法律、执行决定，以及必然伴随这两种活动的决定性裁决”来分割权力的方法。[6] 也就是我们今天所说的：立法权、行政权和司法权。孟德斯鸠对政治权力的观念与阿伦特对复多性和政治行动的观念是相互呼应的。

但阿伦特对美国民主的未来并不完全乐观。她虽然认为美国革命成功建立了一个新政体，但她也对社会问题在政治领域的持续影响感到担忧。她看到美国社会正屈从于她所谓的“挥霍经济”（waste economy）的生产，其中所有活动都被降级成了生产和消费的纯粹的工具主义[1]。而且更重要的是，

---

[1] 工具主义，美国杜威对其实用主义的自称，认为概念、科学规律和理论都不是客观实在的反映，而只是帮助人们整理经验、适应环境的工具或手段，它主张有用即真理，成功即证明手段合理，为达到目的可以不择手段等。

美国革命本来可以建立一个新政体，但它却未能保存革命的精神。先驱们没有保护权力的根源，也就是基层政府的权力，而是赋予了太多权力给州政府和联邦政府。换言之，他们将权力从人民手中转移，限制了政治行动的可能性。

稳定的政治体制怎样才能蕴含革命精神？在阿伦特看来，这不是一个需要解决的问题，而是一种需要理解的经验。政治体制的停滞不前可能导致不稳定，一个组织体制如果想要生气勃勃，就必须要通过民主参与激活革命的精神。

1966年夏，阿伦特来到纽约帕伦维尔的栗树草坪别墅（Chestnut Lawn House）度假，这是卡兹奇山上一处辽阔的庄园，距巴德学院约40分钟车程。她在这里放松了两个月，阅读阿加莎·克里斯蒂的小说，乔治·西默农的侦探故事和J. P. 内特尔的两卷本罗莎·卢森堡的传记，《纽约书评》的罗伯特·西尔弗斯邀请她为这部传记撰写书评。为了回应《艾希曼在耶路撒冷》一书酿成的丑闻，她也开始写《真理与政治》一文。

那年秋天，阿伦特在埃默里大学、东密歇根大学、圣约翰学院安纳波利斯校区和卫斯理大学做了题为《真理与政治》的讲座。这篇文章最终作为后记收入《艾希曼在耶路撒冷》第二版中，并成为这本书德文版的前言。那年秋天她在康奈尔大学教授“从马基雅维里到马克思”和“20世纪的政治经验”两门课程期间，完成了《真理与政治》一文的编辑工作，并以最终版本为底本，在美国政治科学学会1966年的大会上发表了主旨演讲。[7]阿伦特这篇文章获得了非常积极的反响。

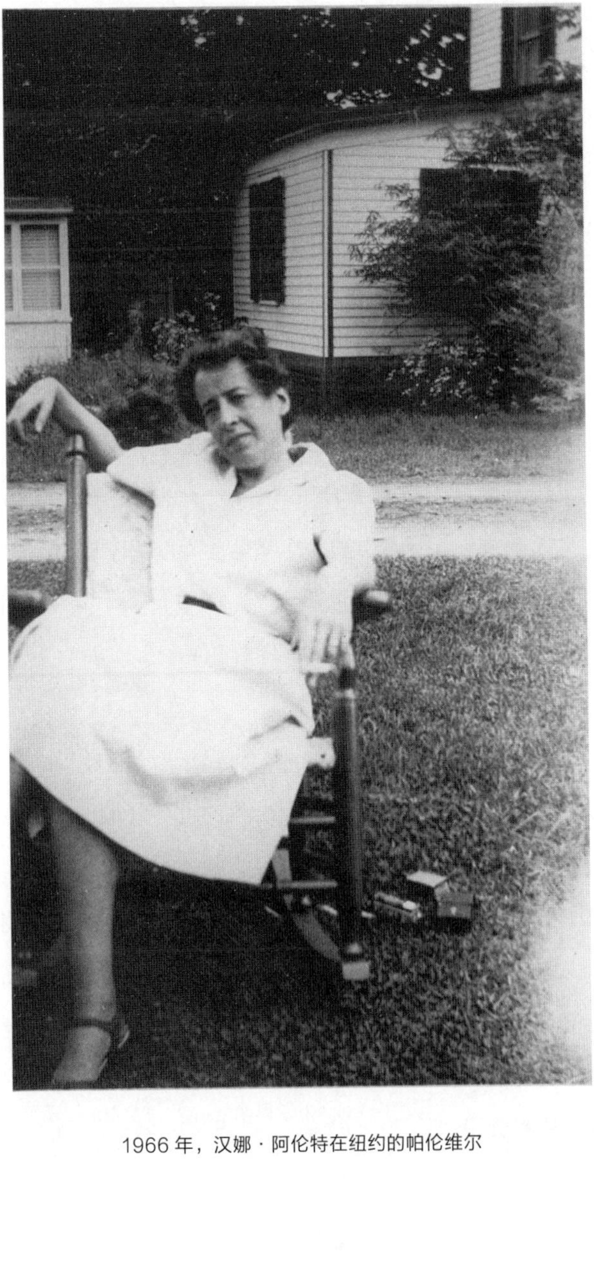

1966 年，汉娜 · 阿伦特在纽约的帕伦维尔

她告诉雅斯贝尔斯："我收到了来自所有犹太组织的雪片般的信件，邀请我去演讲、参加大会等，甚至我曾经攻击过的人也发来了邀请。而且《艾希曼在耶路撒冷》一书的希伯来语版本也终于在以色列出版了。我想我和犹太人之间的战争结束了。"[8]

《真理与政治》的开头，是对文章名字所做的一个脚注。对于这篇文章，阿伦特说道：

> 源自《艾希曼在耶路撒冷》一书出版后引起的所谓争议。它的目的是澄清两个不同但又相互交织的问题，我之前没有意识到这一点，但它的重要性已经超越了这个事件本身。第一个关于一个问题，说真话是否总是对的……第二个源于在"争议"中出现的数量惊人的谎言——一方面是关于我写了什么，另一方面是关于我报道的事实。[9]

阿伦特没有针对那些批评为自己进行辩护，而是在努力想清楚当一个人试图否定另一个人的世界经验时会发生什么事，这也就是事实真相被引入政治领域后会发生的事。正如她所写的那样，真理和政治从来都是不相容的，她觉得有义务说出她所看到的真相，这不是对其他观察方式的否定，而是记录她自己在这个世界上的经验。"如果人们不愿意记录真相或者他们眼中的真相，那'永久性'和'存在的持久性'将无从想象。"[10]

艾希曼一书的争议引发了一些阿伦特想要理解的问题：真理的本质是什么？当真理不被视为一种公共美德时，政治领域会发生什么？当真理在公共领域变得无能为力时，又会发生什么？从苏格拉底以来，说真话的人就一直被排除在政治领域之外。从这个角度看，说真话是非政治的和危险的，因为它挑战了那些掌权的人。在政治中，只能有观点。在1776年的《独立宣言》中，杰弗逊说"我们认为这些真理是不言而喻的"，因为他在寻求赞同，但是在阿伦特的解读中，他用了"认为"一词，就表示他承认他所说的平等并非不言而喻，它只是一种政治观点而不是真理。但是这又产生了一系列问题，其中一个就是说谎者。当说谎者不能圆他的谎言，就会声称那只是他的观点，这种话语就是改变公共领域的一种行动形式。在一个谎言被不断奉为真理，而真理却被诋毁为谎言的世界，我们分辨事实和假象的能力就成为一个问题。

阿伦特在文章中指出，我们共同居住的这个世界的存在是岌岌可危的。阿伦特担忧的是，事实真相很可能会从世界上彻底消失，因为它比格言或理论要更加脆弱。格言和理论是由人们的头脑创造出来的，而真相则源自世界上鲜活的经验和事件，这意味着它依赖于人们的记忆和讲述而存在。如果有人开始重写真相，他们就是在抹除人类共享的世界经验。

阿伦特在整篇文章中，一直在强调复多性、个人在公共领域显现，以及与他人的观点进行对话的必要性。换言之，我们必须将私人思想应用于公共领域。阿伦特将公共生活中复多性的必要性与思想中复多性的必要性联系在一起，来说明我们是如何形成不同的政治观点的。

> 在思考某个问题时，我在头脑中装入越多人的观点，就越能更好地想象自己处在他们位置时的感受和想法，进行表象思维的能力就越强，我的结论、我的观点也就越站得住脚。[11]

不断地撒谎让我们丧失了原本立足的基础，它又不提供其他可供立足的基础。阿伦特在文章末尾回答了一个问题："什么是真理？""从概念而言，我们可以说真理是我们无法改变的事实；从修辞而言，它是我们站立的土地，我们头顶的天空。"[12] 即真理给了我们一种生存于世的稳定感，但它也一直在运动，就像土地和天空一样。

《黑暗时代的人们》

1961 年在阿伦特前往耶路撒冷之前，她已经在准备一门关于诗人和剧作家贝托尔特 · 布莱希特的课程。课程讲义最终于 1966 年发表在《纽约客》上，1968 年做了一些修改后收入《黑暗时代的人们》一书，1969 年译成德语发表在刊物《水星》(*Merkur*)上。

阿伦特那篇关于布莱希特的文章《向约韦许可的事》(*What is Permitted to Jove*)发表在《纽约客》之后，引发了一些争议。悉尼 · 胡克写道："阿伦特试图曲解布莱希特的言论，以佐证他的反斯大林倾向，只有一个词能够形容她：厚颜无耻(unversch mtheit)。"约翰 · 威利特是布莱希特英文版作品集的合编者，他要求阿伦特交出原始资料，证明布莱希特曾经赞美过斯大林。阿伦特没有立即做出回应，而等她把资料拿出来后，威利特对她提供的证明并不满意。他在《泰晤士报文学增刊》上发表了一封公开信,《纽约时报》对此还进行了报道。阿伦特接受了采访请求，并向读者们保证，她对自己的文章“非常满意”，认为它是准确无误的。

阿伦特告诉她《纽约客》的编辑说，她“起初写这篇文章是出于对一个朋友的愤怒”，那个朋友是埃里克·黑勒[1]，黑勒想“把布莱希特的作品扔出窗外”，因为布莱希特同情斯大林。黑勒不理解阿伦特对贝托尔特·布莱希特的描述。他抨击道，她对布莱希特采取的立场“很可能是这种情况，汉娜·阿伦特将她的卓越智慧用于一个错误的判断，当这种情况发生时，她不是简单地犯错误，而是大错特错，让愤怒的火花四处飞溅”。1

黑勒、威利特和胡克针对的是阿伦特文章中的一个脚注，她这样写道：

> 布莱希特对斯大林的赞美被小心翼翼地从他的作品集中抹去了。唯一的痕迹可以在《诗集》(*Prosa*)第五卷中找到，其内容是为他未完成的《易经》(*Me-ti*)一书所作的注释，是在布莱希特去世后出版的。在那本书中，斯大林被誉为“有用的人”，他的罪行也被认为是正当的。就在斯大林刚去世时，布莱希特写道，对于“五大洲的被压迫者”

[1] 埃里克·黑勒(Erich Heller，1911—1990)，出生于奥匈帝国的犹太家庭(今捷克境内)，曾任美国西北大学的教授，他是人文思想领域著名的学者。

来说，他是“希望的化身”。

阿伦特没有谴责布莱希特的罪行。她不认为布莱希特就应当被抛弃，只因为他的政治判断有问题。他是一个伟大的诗人，人们应该从这个角度去评判他。在阿伦特对世界的理解中，她将诗人和诗歌置于一个独特的地位，即在思想的生活和行动的生活之间，认为他们应当免于承担世俗的责任。“诗人通常不是良好、可靠的公民。”她写道。布莱希特也受到了诗歌之神的惩罚，让他“江郎才尽”：

> 现在，现实把他毁坏到这种程度，他再也不能为之发声了；他成功地深陷于现实的泥淖之中——并证明了这对于诗人来说不是一个好地方。这就是贝托尔特·布莱希特的例子教给我们的，也是我们今天判断他时应该考虑的事，我们必须为他的作品所带来的一切向他表示敬意。诗人和现实的关系的确就像歌德所讲的：“他们无法承受和普通人相同的责任的重负；他们需要某种疏离感，而优秀的诗人总是时时刻刻受到诱惑，想要把这种疏离感换成和其他人一样的生活。”在这种诱惑下，布莱希特做了很少有诗人做到的事，以他的生命和艺术作为赌注，而这把他推向成功，也引向灾难。

阿伦特的观点是，公众在评判诗人时要有“一定包容度”，因为诗人在一定程度上是脱离世俗事务的。阿伦特承认，布莱希特本人会拒绝这样的特殊待遇，但她也认为，我们必须保留这种区分政治判断和伦理判断的能力：“每一种审判都向宽恕开放，每一种审判的行为都可能转变为宽恕的行为，审判和宽恕这二者如同一枚硬币的两面。但这两面遵循着不同的准则。”[2] 阿伦特对布莱希特的判断，是一个故事讲述者的判断，而非伦理裁决人。那是有些人称之为的“诗性判断”。布莱希特失败的代价是江郎才尽，而这种损失，在阿伦特看来，证明了“在这个……以及其他任何时代，做一个诗人是多么艰难”。[3]

＊ ＊ ＊

在四年内出版了三本书后，阿伦特把注意力转向了教书、讲座和写文章。她参加了哥伦比亚大学的研讨课，成为《美国学人》编委会委员，前往华盛顿特区参加政策研究所的论坛，担任总统科学技术办公室的芝加哥大学社会思想委员会代表，加入国家翻译中心委员会，成为国家人文基金会、国家图书奖委员会和国际笔会的顾问。她还担任了西班牙难民救助会的会长，组织筹款，在蒙托邦建立了一个西班牙难民中心，为在法国和阿尔及尔的西班牙难民撰写备忘录。[4]

1968 年，当开始构思《心智生命》时，阿伦特出版了两部文集，第一部是《启迪》，这是瓦尔特 · 本雅明的首部英文版作品；第二部是《黑暗时代的人们》，这是一部由 20 世纪思想家的人物小传构成的文章合集。这两部作品都是友谊的馈赠。阿伦特为《启迪》写的导读文章，在两部书中都有收录。本雅明的作品原本由社会研究所的特奥多尔·阿多尔诺和马克斯·霍克海默尔主持出版，阿伦特对此表示担忧，她想让本雅明的作品被更多大众读者读到。但是阿伦特不能用英文来撰写本雅明的导读文章，她用德语写出，再由哈里·佐恩译成英文，佐恩同时也是本雅明作品的译者。阿伦特对本雅明的感情洋溢在字里行间，显然她感到有责任守护他的作品，因为本雅明把他的书稿托付给她和其他人来保管。[5]

那年秋天，阿伦特出版了《黑暗时代的人们》。这个书名受到了贝托尔特·布莱希特《致后代》一诗的启发，诗的开头写道："确实，我生活在黑暗的时代！"这首诗是布莱希特在战争爆发前不久的流亡途中写下的。从表面上看，阿伦特这本书的文章似乎独立成篇，各不相干，其中涉及的人物有赫尔曼·布洛赫、贝托尔特·布莱希特、瓦尔特·本雅明、兰德尔·贾雷尔、罗莎·卢森堡、伊萨克·迪内森[1]、莱辛（唯一一个非 20 世纪的作家）和教皇约翰二十三世。但是当我们读完整本书，就会发现它们都回到了阿伦特思想的核心要素：复多性、对话、诗歌、持存性、思考、判断、讲述故事和爱。同时，这个文本提供了一幅私密的画像，展示了在黑暗时代作为一个人意味着什么。在这种黑暗中，她找到了一种启明的形式，和那些被迫流浪在世界上寻找家园的"局外人"找

---

[1] 伊萨克·迪内森（Isak Dinesen，1885—1962），本名凯伦·布里克森，丹麦著名女作家，《走出非洲》一书作者。

到了共鸣。“即使在最黑暗的时代，”阿伦特写道，“我们也有权利期待一些启明。”这种启明是在一些男人和女人的生命和作品中所能找到的一种美，他们发声来表达自己的经验。但这种人性的代价是高昂的，阿伦特这样写道：

> 它常常伴随世界的剧烈崩塌，我们对外界做出反应的器官全部失灵，令人恐惧——从我们用以处世的常识开始，这本是我们自己和其他人都习以为常的，一直到我们赖以热爱这个世界的对美的感受，或者品味。

《黑暗时代的人们》提供了一系列热爱思考的人物肖像，写到受压迫的人们给予彼此的善意与温暖。这一系列文章是为多种用途而写的，包括书评、导读文本、人物传略，大部分曾在《纽约客》和《纽约书评》上发表过。在书的前言中，阿伦特这样概括这部作品，“这一系列论文和随笔首先是关于一些个人的——他们如何生活，如何在世界上活动，如何被他们所处的历史时代所影响”。[6] 在读完书稿后，玛丽·麦卡锡说她对这些人物肖像的“民间性”（folkishness）印象深刻。她认为他们身上有一种神秘气质，类似于木刻版画。[7] 麦卡锡将这些随笔解读为杰出人物的神秘故事，向世人做出如何生活的示范。此外，她也切中肯綮地指出，将阿伦特的这些木刻版画联系在一起的是友谊在他们各自生活中扮演的角色，他们互为彼此的人生旅伴。阿伦特同意麦卡锡所说，她的人物肖像有一种“童话气质”。阿伦特想象这些人物肖像如同“剪影”，其中每个人都珍视友谊的重要性。[8]

在阿伦特看来，沟通对于友谊至关重要。她写道：“在喜悦而非悲伤时，人们是健谈的，真正的人类对话不同于单纯的聊天和讨论，其中充满了对另一个人的喜悦和他所说的话。”除了阿伦特的丈夫海因里希·布吕歇尔，没有人比她的导师卡尔·雅斯贝尔斯更理解这一点。值得一提的是，《黑暗时代的人们》中有两篇写卡尔·雅斯贝尔斯的文章。第一篇是《一篇赞词》，写在雅斯贝尔斯获颁德国图书商会的“和平奖章”时。第二篇是对雅斯贝尔斯作品的反思性文章，题为《卡尔·雅斯贝尔斯：世界公民？》。阿伦特在雅斯贝尔斯身上，看到了一个懂得倾听和对话艺术的人，他将这些世俗活动提升至他生活和作品的中心：

> 在这个小小的世界里，他展现并实践着他那无与伦比的沟通能力：他惊人敏锐的倾听方式，他随时准备坦率地表达自己，在所讨论的问题上耐心地盘桓居留，最重要的是，他能够将沉默中的意犹未尽重新引入谈话之中，使之能够被谈论。就这样，在言说和倾听中，他成功地让谈话发生变化，得到扩展和磨砺——对此他有一个美丽的表达，那就是启明。

在阿伦特看来，雅斯贝尔斯体现了思考的意义，因为他们懂得沟通的重要性，在各个话题上盘桓居留，最后又回到思考的主题上。

阿伦特最后一次到巴塞尔见雅斯贝尔斯是在 1968 年秋天，在《黑暗时代的人们》出版之后。他和妻子格特鲁德精神状态很好，且“思维活跃”。他们喝着咖啡，连续谈了几个小时的话，尽管他的记忆力有些减退，但阿伦特感觉和他交流很顺畅。她在给布吕歇尔的信中写道：

> 雅斯贝尔斯一如既往，和他交流比一年前更顺利，因为他不再试图躲避或隐藏任何东西。他现在清晰地感到自己在变得衰弱，尽管有时他绝对不能接受这一点。一切都更容易了，因为没有必要再去伪装什么。情况就是如此。但是他依然热爱生活。他说：生活曾是多么美丽啊。我说：我知道你依然认为，现在的生活也是美丽的。他说：你说得对。[9]

阿伦特回到纽约，开始在纽约社会研究新学院教授一门“政治和哲学”课程，在雅斯贝尔斯 86 岁生日之际，她写信给他，遗憾无法前去为他祝寿，希望能和他再见面。三天后，也就是 1969 年 2 月 26 日，卡尔 · 雅斯贝尔斯去世了。格特鲁德发了一封简短的电报给朋友们：“今天我的人生伴侣卡尔 · 雅斯贝尔斯去世了。”这一天，是格特鲁德的生日。

收到雅斯贝尔斯离世的消息，阿伦特并不吃惊。她知道他病了有一段时间，并为他接受自己的病而感到欣慰。但这

20 世纪 60 年代末，汉娜 · 阿伦特在纽约社会研究新学院授课

没有让她的忧虑消失，总担心每次去见他都可能是最后一次。3 月 4 日，阿伦特飞到巴塞尔参加葬礼，并在仪式上发表了题为《雅斯贝尔斯的人生和写作，作为哲学家和公民的雅斯贝尔斯》的讲话：

> 我们不知道，当一个人去世时，会发生什么。我们只知道：他已经离开了我们。我们还可以阅读他的作品，但我们知道那些作品不需要我们。它们是离世之人在这个世界上留下的痕迹——这个世界在他来之前就存在，在他走后也还将存在。这些作品的命运取决于世界如何运行。但一个简单的事实是，这些书里曾经住着一个鲜活的生命，这一事实不会直接被世界理解，也有被遗忘的危险。对于一个人来说，最短暂同时可能也是最伟大的，是他的言谈和举止，而这将随着他的去世而消失，所以就需要我们，需要我们这些想念他的人。这个想法让我们与逝者建立了一种关系，基于这种关系，关于他的谈话将再次在这个世界上出现、发声。建立与逝者的关系——这一点我们必须学习，为了开始做这件事，我们此刻聚在这里，沉浸在同样的悲伤中。[10]

阿伦特用她自己的守丧方式悼念雅斯贝尔斯，她延长了哀悼期，一直穿着黑色衣服，戴着鲜艳的围巾。雅斯贝尔斯的离世，让她在物质实体的意义上失去了导师和朋友。

葬礼过后，阿伦特回到海因里希身边，因为身体每况愈下，1968 年他被迫从巴德学院退休。回到家的阿伦特，正赶上学生抗议运动爆发，她和海因里希在曼哈顿上西区的客厅里从电视上看到了这一幕。

《共和的危机》

1969 年，一场座谈会在 21 街的思想剧场举行，汉娜 · 阿伦特在会上谈到美国的政治制度已经不得人心：“显然，美国人不再支持政府……事实证明，没有人民的支持，这种形式的政府是不可能真正实现统治的。”[1] 美国政府体系建立的基础是三权分立，而阿伦特看到，政党的兴起、政府的逐步集权和行政权力的扩大正在腐蚀这一基础。

这里探讨的观点成为《共和的危机》的基础，这本书是几篇文章的集合，从历史和理论细节研究美国当代民主的弊病，《政治谎言》里的尼克松和“五角大楼文件案”，《公民不服从》中的抗议运动，《论暴力》中论使用暴力作为政治工具，以及接受德国记者阿德尔贝特 · 赖夫采访的一篇题为《关于政治与革命的思考》的报道。

《论暴力》最初发表在 1969 年 2 月 27 日《纽约书评》的

特别增刊上，题为《关于暴力的反思》。这一期出版后受到热烈欢迎，以至于美国军方都买不到一本。1970 年，阿伦特把它作为单行本出版，1972 年《共和的危机》出版时，把它也收了进去。在这篇随笔中，阿伦特解构了使用政治暴力的三个共同的理论基础：马克思宣称暴力是一个社会革命性阵痛的必要组成部分；乔治·索雷尔[1]称，暴力在本质上是创造性的，因此对于和社会的消费者相对立的社会生产者，即工人阶级而言，是正当的模式；萨特宣称暴力对于人的创造是非常重要的，是“人对自己的重造”。[2]

阿伦特反对暴力政治行动，因为暴力会破坏权力，而政治和政治抗议的目标是创造权力。阿伦特对权力的理解是与她对行动的理解相关联的，她在早期作品《人的境况》和《论革命》中对后者进行了阐述。与权力相应的，是人类与他人协同行动的能力，这对世界是有建设性的，而暴力是工具性的，它是用于强行达致某个目的的工具。阿伦特写道：“暴力只能破坏权力。枪杆子里会产生最有效的命令，导致立即和完全的服从。”当暴力被政治领袖使用时，它并没有增强他们的权力，反而是一种削弱。

1967 年 12 月 17 日，她参加了一场题为“暴力的合理性”的座谈会，主持人是《纽约书评》的罗伯特·西尔弗斯，与

---

[1] 乔治·索雷尔（Georges Sorel，1847—1922），法国哲学家，提出神话和暴力在历史过程中创造性作用的独特理论。

会的还有诺姆·乔姆斯基、康纳·克鲁斯·奥布赖恩[1]和罗伯特·洛厄尔，地点在21街的思想剧场。坐在观众席的苏珊·桑塔格打断了台上的讨论，她说："我个人很难理解，为什么1967年12月纽约的那场讨论没有转向积极讨论下面的问题，即我们，也就是在这个房间里的人，以及我们认识的人会不会参与暴力活动。"[3]通过权衡比较权力、强力和暴力三个概念，阿伦特认为，暴力总是源于无能为力，如果我们想要参与有效的政治行动，在权力和暴力之间做出区分就是重要的。如果政治的目的是制造权力，而暴力是破坏权力的，那么暴力就不可能成为一个行之有效的政治工具。

阿伦特同意乔姆斯基的观点，认为从策略上考虑，非暴力对于公民权利运动是非常重要的，她视非暴力为合法的政治策略，可以作为一种破坏性工具来追究政府的责任，但她完全反对利用抗议活动来挑战共和国基础的想法。

汤姆·海登是"学生争取民主社会组织"的创始人之一，他反对阿伦特的立场，认为她的言论对美国当下不公平的政治状况没有积极影响，而只是停留在理论层面："在我看来，除非你开始表现出——不是口头上，不是理论上，而是行动上——你能够结束越南战争，结束美国的种族歧视，否则你就不能谴责那些使用暴力的人，因为他们等不了你。"海登认为在学生抗议运动中，暴力有一定的合理性，在非暴力的策

---

[1] 康纳·克鲁斯·奥布赖恩（Conor Cruise O'Brien，1917—2008），爱尔兰政治家、作家、历史学家和学者。

略失灵时，暴力有时就是一个必要的行动手段。

1968 年，哥伦比亚大学的学生举行抗议活动，阿伦特一开始是持支持态度的。她批评企业对大学的影响，董事会成员对教职工管理的干预，膨胀的官僚机构损害了大学信誉。学生后来围住了进行战争相关研究的国防分析研究所，阿伦特支持他们的诉求，参加了第一天在 4 月 4 日的抗议活动，学生占领大楼时，她和沙南 · 克兰波特也在那里。“学生们在示威，我们全力支持他们。”她宣称。

阿伦特看到，当大学机构没有为不公的政治状况发声时，学生们承担起了个体的道德的责任，但她很快对抗议活动感到幻灭。学生们不再关注机构的行为，而是机构本身。阿伦特起初支持“黑人权力”的口号，因为她看到人们聚在一起，协同行动，激发权力：“我以为黑人权力的增长能有助于黑人正常融入美国的‘群体—权力—相互影响’的进程。”但是，到她写《论暴力》的时候，她对学生抗议活动，以及将使用暴力作为一种政治策略（比如黑豹党[1]这样的组织）持批判态度。她指出，有的黑人学生“录取时学术水平不达标，他们抱团形成一个利益集团，成为黑人群体的代表”。她认为，屈服于学生提出的公开招生和黑人研究计划等要求是有危害的。在她看来，这些都是她所谓的“不存在的主题”，她认为，他们会成为一个“陷阱”，被白人利用来阻止黑人“获得足够

[1] 黑豹党存在于 1966 年到 1982 年，是由非裔美国人组成的黑人民族主义和社会主义政党，其宗旨主要为促进美国黑人的民权，另外他们也主张黑人应该有更为积极的正当防卫权。

的教育”。这些结论呼应了她在《反思小石城事件》以及写给詹姆斯·鲍德温的信中提出的观点。它们也呼应了她对女权主义和犹太复国主义所持的立场。围绕身份形成的政治是不能长久的，也不能带来政治自由，因为它尝试创造一个普遍的话题。对阿伦特来说，任何一种身份政治形式都是一种术语上的矛盾，她明确将一个人是谁和是什么区分开来。阿伦特认为，没有任何人因为生来是黑人、犹太人或女人，就必须参与一种政治运动。

✲ ✲ ✲

1970 年秋天，当抗议活动慢慢平息，阿伦特开始准备写《心智生命》，此时，她正在纽约社会研究新学院的一个研讨班上讲授伊曼努尔·康德的《判断力批判》。1970 年 10 月 30 日，她在现象学和存在哲学的年会上发表了主题演讲，题为《思考和道德考量》。这是一个充满节日气氛的晚上，演讲过后，她的朋友哲学家格伦·格雷[1]跟着她和布吕歇尔一起回到家，他们共进晚餐，然后喝酒聊天。一边吃喝，一边聊着这天晚上的年会，但布吕歇尔感觉不太舒服。这天早些时候他就有胸痛的症状，但没有太在意。第二天下午，在阿伦特和布吕歇尔吃午餐的时候，胸痛的症状再次出现，他勉强挪到沙发上，然后心脏病突发，情况危急。阿伦特打电话叫救

---

[1] 格伦·格雷（Glenn Gray，1913—1977），美国哲学家、作家，科罗拉多学院哲学教授。

护车，握着他的手，一起等待着救援人员到来。布吕歇尔非常平静，轻轻地和她说："就到这儿了。"他到达医院时，处于极度的痛苦之中。胸痛的症状并没有缓解，医生对他心脏的治疗持续了六个半小时。

10月31日傍晚，海因里希·布吕歇尔在西奈山医院离世，享年71岁。陪伴阿伦特和布吕歇尔多年的洛特·克勒将阿伦特带回家，发了一封简单的电报给他们的朋友们："海因里希周六晚上心脏病突发去世。汉娜。"

* * *

诗人兰德尔·贾雷尔说，他们的婚姻是"双王制"。他们之间有一种兴奋感，他们相互滋养着对方的心智生命。布吕歇尔没有出版很多作品。像雅斯贝尔斯一样，他将卓越才智用在沟通、辩论、友谊和教书上。他们没有要孩子，因为就像阿伦特曾经和汉斯·约纳斯说的，"当我们年轻可以要孩子的时候，我们没钱。等有钱的时候，我们又太老了"。布吕歇尔向他母亲解释他们的情况时，说法稍有不同："在这样的时代，我们决定不要孩子。我们对此也很难过，但这对可能的无辜受害者是一种宝贵的责任感。"

布吕歇尔担心她母亲的精神疾病可能是先天的，他自己的动脉瘤遗传病从年轻时就开始折磨他，这都可能让他的孩子短命或体弱多病。阿伦特对自己很了解，她对工作的热情和对安静的需要，会让抚养孩子成为一项繁重而令人焦虑的任务。但让他们决定不要孩子的最强有力的理由还是"这样的时代”；他们圈子里的许多朋友都是这样，要么没要孩子，要么在移民带给他们一定程度的安全感后才要的孩子。[4]

1970 年 11 月 4 日，布吕歇尔的葬礼在河滨教堂举行。阿伦特起初想为他举办一个犹太教仪式，吟诵哀悼祈祷文，但后来还是决定举办一个简单的悼念仪式。布吕歇尔在巴德学院的同事，霍勒斯·卡伦、诗人西奥多·韦斯[1]和伊尔玛·布朗代[2]发表了讲话。仪式过后，朋友们聚集在河滨大道370号。玛丽·麦卡锡和安妮·魏尔从巴黎飞来，陪着阿伦特度过了大半个冬天。

阿伦特在哀悼期间很安静。她跟玛丽·麦卡锡说：

> 事实是，我感到完全地精疲力竭。你理解吗，我用的不是“累”这个词的最高级形式。我不是累，或者很累，而是精疲力竭。我现在一切都还正常，但我知道一点小意外就会让我失去平衡。我想我没跟你说过，这十年来，我一直担心他会像这样突然离世。这种恐惧常常会变成真正的恐慌。现在这种恐惧、恐慌都消失了，只剩下完全的空虚。有时我想，如果我心里没了这种沉重感，我就没法走路了。

[1] 西奥多·韦斯（Theodore Weiss，1916—2003），美国诗人、文学杂志编辑。

[2] 伊尔玛·布朗代（Irma Brandeis，1905—1990），美国但丁研究学者，她的《愿景的阶梯》（*The Ladder of Vision*）于 20 世纪 60 年代出版后，被视为但丁研究领域的开创性著作。

约 1971 年，安妮 · 魏尔在汉娜 · 阿伦特位于河滨大道 370 号的公寓

> 现在我真的感觉自己在空中漂浮。只是想想未来几个月的事，我就感到头晕。我现在正坐在海因里希的房间，用着他的打字机。这给了我某种精神支撑。奇怪的是，在所有时候，我居然都没有失控。[5]

布吕歇尔去世后，阿伦特的第一篇日记写下了这样一句话："自由，就像风中的一片叶子。"在他去世后，阿伦特的《思想日记》就没有记录了。最后两篇只是简单的日期和旅行计划清单。当布吕歇尔的石棺被安置在巴德学院的教师公墓后，阿伦特在旁边安放了一个简朴的石椅，可以在周年纪念过来看望他时坐坐。即使在他走后，他们的对话仍在继续。

布吕歇尔去世后的那个春天，玛丽·麦卡锡和她的丈夫詹姆斯·韦斯特陪阿伦特一起到西西里旅行。这次旅行非常愉快，以至于回来后，阿伦特决定跟着麦卡锡和韦斯特去他们在缅因州卡斯汀的家同住一个月。麦卡锡把车库上面的房间收拾出来做她的卧室，还准备了阿伦特最喜欢的早餐：鸡蛋、火腿、冷盘肉片、面包、鳀鱼酱、咖啡、葡萄柚、橙汁。但是阿伦特没有准备好接受这样的亲密相处，看到麦卡锡对她如此了解，心里有点抵触。在这段时间，据玛丽·麦卡锡说，阿伦特身边围绕着朋友，但她像一个"孤独的旅客，在她思想的火车上"行驶。

阿伦特从1968年开始写作《心智生命》，她谈到了合二为一的对话，也即一个人在内心和自己进行的对话。阿伦特

1971 年，汉娜 · 阿伦特和玛丽 · 麦卡锡在西西里

认为，在思想中，一个人从来不是孤独的。用加图的话说，“我无所事事时最为活跃，我独自一人时最不孤独”；对阿伦特来说，《心智生命》让她能够重新回归她在1933年背弃的哲学传统。这次她直面的，不是作恶者，而是人们为何会作恶这一问题。这部由三部分组成的作品将成为她一生最重要的成就。

《心智生命》

汉娜·阿伦特生命的最后几年，都在致力于写《心智生命》一书。1970 年 1 月，也就是布吕歇尔去世几个月后，阿伦特先在芝加哥洛约拉大学做了一场关于“思想与道德命题”的讲座，而后前往芝加哥大学做了三场公开演讲，题为《对道德命题的思考》。这些演讲后来整理成文，题为《思考与道德关切》，最初于 1971 年秋在《社会研究》上发表。阿伦特将这篇专文题献给 W. H. 奥登，纪念他的 65 岁生日。

在《思考与道德关切》一文中，阿伦特探讨了一个人的思考能力和判断能力的关系。这篇文章的中心议题是：思考能否让我们远离恶行？阿伦特推断道，如果可以，那每个人都要有思考的能力，不能把它仅仅视为少数人的特权。

在阿伦特的理解中，思考是一项关于制造意义的世俗活动，它与求知或寻求真理的冲动不同。为了阐明什么是思考活动，阿伦特转向了苏格拉底，这位卓越的思想家曾经用过一系列比喻来描述自己：一条致人麻痹的赤魟[1]，迫使你停下；一只激发人思考的牛虻；一个未受精的蛋，它是一个空洞的想法，意味着一个人必须重新开始。对于苏格拉底和阿伦特来说，理解和制造意义的工作与“爱欲”相连，这是一种渴望自己没有的东西的爱：

> 爱，通过对不存在事物的渴望，和它建立了一种关系。人们将这种关系公开，让它显现，充满感情地谈起它，就像谈起自己心爱的人一样。因为这种追求是一种爱和渴望，思想的对象只能是可爱的事物——美、智慧、正义等等。[1]

阿伦特沿着苏格拉底的论证，提出我们不可能通过思考变得邪恶，因为我们只会思考何为美德，而我们会变成我们所思考的东西。因此，邪恶不是被思考出来，邪恶不是美德。在政治和道德事务中不思考的危险在于，它教导人们遵守社会在某个特定时期所制定的行为规范。人们习惯了规则，所以也就习惯了从不动用自己头脑去思考。一个人越是紧抱着旧的准则或社会规范不放，就越会急切地融入新的准则或社会规范中，他们甚至都不会意识到这一点，因为他们是睡着

[1] 赤魟，一种棘刺有毒的鱼，常挥动尾部进行攻击。

的人。[2]《论思考》[1] 一文在《纽约客》上发表时，玛丽·麦卡锡做了编辑，她将“不思考”画去，写上“邪恶”。为了理解为什么邪恶会在世界上存在，为什么有些人会追随邪恶的力量，阿伦特将注意力转向了思考活动，以及想象的能力。

＊ ＊ ＊

阿伦特于 1968 年开始写《心智生命》，计划写三卷，主题分别为“思考”、“判断”和“意志”。她告诉麦卡锡说：

> 我绝没有准备投下“炸弹”的想法。除非你把准备写“思考—判断—意志”(可以说是《人的境况》的续篇)称为“准备炸弹”。相反，我感觉自己所做的一切都是徒劳。和重大的事情相比，我做的一切都显得浮浅。我知道，一旦我让自己掉进过去和未来之间的空隙，这种感觉就会消失，那个空隙是进行思考的恰当时点。[3]

在《心智生命》中，阿伦特摒弃了传统的“积极生活”与“沉思生活”的二分法，目的是展示思考自身怎样成为一种活动。与认识的冲动或对真理的沉思不同，思考关注的是一个人如何从自己的世界经验中制造意义。

阿伦特告诉麦卡锡《心智生命》将会是她的“终极成

---

[1] 此文后来成为《心智生命》的第一卷。

就”。她终于加入那些致力于“摧毁形而上学和哲学全部范畴”的人的阵营。和海德格尔一样，阿伦特想要逃离西方传统的束缚，但是，和海德格尔不同的是，这之所以对她来说是可能的，只是因为传统已经断裂，而没有修复的希望了。她没有寻求一种新的语言，来理解存在的意义，她在寻找意义本身的问题，以及思想的本质。

1971 年秋天，当阿伦特继续写《心智生命》中“思考”一章时，她正在纽约社会研究新学院教授一门“意志的历史”的课程，并开始写“意志”一章的初稿。这个时期她的日程安排得很满，除了写作之外，还有各种晚宴、会议、获奖和演讲，包括在多萝西 · 诺曼家里为印度领导人英迪拉 · 甘地举办的一场派对。[4] 阿伦特忙碌的日程让她常感到疲惫，医生诊断出她有心绞痛，建议她不要劳累，但是她仍不愿意减少。阿伦特告诉玛丽·麦卡锡，她拒绝为了健康而生活。对她来说，戒烟和不参加派对并不是最好的选择。此时还有一个小插曲，她多年前向德国最高法院申请赔偿的诉讼终于胜诉，这让她心情畅快了一些。法院认可，她的学术生涯因 1933 年纳粹势力上台被迫中断，判给她一笔赔偿金。阿伦特用这笔钱雇了一位私人秘书帮她打印信件，还雇了一位侍者和女仆帮助招待来访的客人。1972 年，她还在瑞士特格纳的巴尔巴泰旅店（Casa Barbatè）预订了消夏的房间，继续写她的《心智生命》。[5]

那年 7 月，阿伦特在瑞士时，她收到了哈考特·布雷斯·约万诺维奇出版公司寄来的《心智生命》一书的出版合同，并受邀于第二年春天在苏格兰阿伯丁大学久负盛名的“吉福德

1969 年，汉娜 · 阿伦特在瑞士的特格纳

自然神学讲座”上做演讲，时间从 1973 年 4 月持续到 5 月。阿伦特利用这次邀请来写“思考”这一卷，讲座被分成四部分，她一共准备了十场讲座。1973 年 4 月和 5 月讲座进行。她在讲座伊始，就明确表示不认为自己是一位哲学家或康德所谓的“职业思想家”，也没有这样的雄心壮志。她也不打算成为一位道德哲学家，要提出关于如何生存于世的定理。是的，她的任务是有点讽刺意味的，她这样说道：“问题不是政治哲学是否对政治生活有所助益，而是哲学是否能够对政治有所助益。”

阿伦特告诉听众们，“思考”这一卷的写作有两个截然不同的起因。第一个是她参加阿道夫 · 艾希曼在耶路撒冷的审判，以及后来写的关于“平庸之恶”的作品。阿伦特想要回答一个问题：思考这一活动能否以某种方式避免人们作恶？第二个起因是写《人的境况》时，这本书探讨的是积极生活。在阿伦特看来，问题是一直以来，我们只从“沉思生活”的角度来看待人类生活，而沉思并不被视为一种积极活动，而被认为是一种精神活动停滞的消极状态。阿伦特想要从一个新的视角看待思考活动，以展示思考不是一种消极状态，而是一种内心体验。

* * *

阿伦特并不缺少仰慕者，但在布吕歇尔去世后，她和两个男人的关系尤为亲近，一个是 W. H. 奥登，他们已经认识一些时候了；另一个是汉斯 · 摩根索，她最亲近的朋友之一，也是她在芝加哥大学的同事。布吕歇尔去世三周后，一天晚上，奥登来到阿伦特家里喝餐后酒，意外地向她求婚。他的求婚是柏拉图式的——提议他们照顾彼此的晚年生活。阿伦特告诉麦卡锡说：

> 他来的时候“看起来就像个流浪汉”，门卫一直跟着他。他说他回纽约来只是为了我，我对他非常重要，他非常地爱我……我不得不拒绝他……想起这整件事我感情上就受不了……讨厌、害怕、同情，五味杂陈，我想从来没有哪个人能激起我这样的同情。[6]

奥登的求婚让阿伦特始料未及，不是因为它是柏拉图性质的，而是因为她并不认为他是自己“部族”里的密友。在奥登去世后，她写道：

> 我和奥登认识比较晚——以我们当时的年龄，已经不可能有年轻时很容易获得的那种亲密无间的友谊，因为给彼此剩下的时间不多了，或者感觉上不多了。所以，我们是很好的朋友，但不是亲密朋友。[7]

她的拒绝并不能影响他们的友谊，其中有一种诗意的持存性。她也许没把他看作是自己“部族”里的人，但他的陪伴是她生活中不可磨灭的一部分。

1967 年，W. H. 奥登在汉娜 · 阿伦特位于纽约河滨大道 370 号的公寓

她在阿伯丁大学完成了第一个系列讲座后，回到特格纳继续写“意志”这一卷，然后和汉斯·摩根索一起前往希腊的罗得岛，度过了两周的假期。阿伦特和摩根索是20世纪50年代在芝加哥大学认识的，后来成为亲近的朋友。摩根索第一次见到阿伦特时便“留下了深刻印象”。“她的头脑充满了活力，很敏捷——有时太敏捷了——闪耀着光芒，探寻并发现人和事之下隐藏的意义和联系。”他沉思地说道，“就像有人喜欢玩纸牌或赛马一样，汉娜·阿伦特喜欢思考。”

在他们认识的许多年里，他们在思想生活上是彼此支持的。当年《艾希曼在耶路撒冷》出版后，在芝加哥大学的教师俱乐部里，别的同事都对阿伦特避之不及，只有摩根索和她坐在一起。当她受到攻击时，他在《纽约时报》上发文为她辩护。而在摩根索受到一连串疾病的打击时，阿伦特一直陪在他身边，当他因反对越南战争而被群起而攻之时，她也为他辩护。他们一起在除夕观看肯尼迪的葬礼，一起去希腊旅行。摩根索的一位好友这样写到他们的关系：“我的感觉是，他们两个都认为，如果他们能爱上对方，那会解决很多问题，但是他们并没有，或者说不能够，但两个人又都相信对方爱自己，并渴望得到自己。”[8]

从书信中无法得知他们私下交流的内容，但有一个时期，阿伦特写给摩根索的便条结尾有“爱”的字样，这种称呼在她的书信中很少见。但是，这种爱的限制在他们的罗得岛之行中显现了，因为摩根索向她求婚了。阿伦特拒绝了。摩根索在一张给阿伦特的手写卡片上这样写道：

> 亲爱的汉娜：请不要再跟我提你的年龄了。这对你、我还有我们的友谊是一种贬低。我爱这个年龄的你。你20岁时，我会爱你。你90岁时，我依然会爱你。我总会以适合你年龄的方式来爱你。这是一件神圣的事情，我们不应小看它，也不应拿我们的年龄来混淆视听，这对它不公平。汉斯[9]

但是阿伦特没有改变想法。她回到特格纳继续写她的《心智生命》。

* * *

那年秋天，阿伦特回到纽约，“水门事件”爆发，尼克松总统辞职。她一边就“政治谎言”和“水门事件”写文章、做演讲，一边继续写“意志”这一卷的书稿，同时在纽约社会研究新学院教授“希腊政治理论”的课程。她准备卖掉河滨大道370号的公寓，考虑退休。但这时发生了一件意想不到的事。阿伦特对雅斯贝尔斯的离世，甚至布吕歇尔的离世，都是有心理准备的，但她万万没想到她这位不修边幅的朋友、时常聊天的伙伴——奥登会突然去世。这件事对她打击很大，在奥登的追思会于圣约翰教堂举行之前，阿伦特在课堂上当众哭泣。

在奥登的追思会上，人们纪念了他作为诗人的一生。唱诗班演唱了《诗篇》第130章的圣公会唱咏，表演了本杰明·布里顿[1]的《奉献安魂曲》(*Offertory Anthem*)。罗伯特·佩恩·沃伦朗读了奥登的诗作《迷失》,高尔韦·金内尔[2]朗读了《1939年9月1日》,威廉·梅雷迪思[3]朗读了《悼念叶芝》。奥登的朋友们聚在一起,回顾他一生的作品,阿伦特用她自己的方式纪念奥登,她按照时间顺序重读了奥登的诗作,惊讶于痛苦是怎样如影随形地伴随了他的一生。

> 有许多次,从表面上看,他的生活已经过不下去了。比如他那间贫民窟的公寓太冷了,水也断了,他不得不去街角的酒水商店上洗手间;当他的西装污迹斑斑,磨旧变薄,裤子突然从上到下撕裂了——没人能说服他一个人需要至少两套衣服,一套穿脏了可以送去洗衣店,换上另一套;也需要两双鞋子,如果一双破了要修补,可以穿另一双。这么多年来,我们一直在无休止地争论这个话题。总之,每当灾难在你眼前发生时,他就会开始说一些很有他个人风格的荒唐古怪的话,大意就是"人要知足常乐"。

---

[1] 本杰明·布里顿(Benjamin Britten,1913—1976),英国作曲家、指挥家和钢琴家,20世纪英国古典音乐代表人物之一。

[2] 高尔韦·金内尔(Galway Kinnel,1927—2014),当代美国著名诗人,获得普利策奖等多个诗歌奖项。

[3] 威廉·梅雷迪思(William Meredith,1919—2007),当代美国著名诗人、译者、编辑,将许多保加利亚诗人介绍到英语世界。

奥登认为幸福不能够以世俗物质来衡量；他对积累财物不感兴趣。“我认识的人中没有一个愿意死后 / 与银质的鸡尾酒摇动器葬在一起。”他在一首诗中写道。阿伦特感到与奥登志趣相投，他对语言的热爱，让他总能看到生活中的美。她将奥登物质生活的窘迫状况，和他熟悉“得不到回应的爱的无限形式”联系起来。他总会把事情搞得一团糟，他周围的环境也反映了一种自毁的倾向。在阿伦特看来，奥登成为诗人是源自他对文字的热爱。正是这种“对欲望之扭曲、心灵之不忠、世界之不公的敏感”，让他成为一位伟大的诗人。在他的诗歌中，他从未离开常识或理智，而是以他迷人的、常常也是辛辣犀利的诗行，为疯狂的世界注入一丝人间清醒。

* * *

那年冬天，阿伦特提交了“意志”这一卷的提纲，作为吉福德讲座第二个系列的内容，她在日常教学的间隙，构思书稿各个章节的内容。对阿伦特来说，“意志”卷是书稿中最难写的部分。和“思考”不同，意志是由自己决定的，是自发的，因为它处理的是由思考功能提供的去意义的思想客体。也因此，意志是独立于思考和判断之外的。如果说“思考”卷可以概括为“合二为一”之和谐的必要性，那么“意志”卷讲的就是一种不和谐的活动。意志这一活动要求角力，将自我分裂成两个或更多部分，朝着不同方向拉扯。意志能够产生影响未来的力量，但只有当意志停止角力，个人才能够重新合为一体，开始行动。

1974年5月，阿伦特来到阿伯丁大学开始做关于“意志”的讲座时，她感觉到疲累。布吕歇尔去世后，阿伦特说过她不累，而是因为守丧感到精疲力竭。现在，因为在如此短的时间内失去了好几位亲友，美国政坛也在持续动荡，再加上繁忙的教学和讲座，她终于感到了疲累。当阿伦特走上讲台准备开始第一场讲座时，她突发心脏病，情况十分危急。观众席中一位朋友冲上去帮助她，她被送往最近的医院。洛特·科勒和玛丽·麦卡锡分别从纽约和巴黎飞来照顾她。她圈子里的朋友们也来到苏格兰，为她提供精神支持，希望她早日康复。但这次，阿伦特依然拒绝戒烟，她拒绝合理饮食，拒绝少喝咖啡。阿伦特拒绝仅仅为了能够存活而生活。她唯一同意调整的是减少教学和讲座安排。她申请了第二年从纽约社会研究新学院提前退休，同意再教最后一届《心智生命》的研讨班，为期一年。

* * *

阿伦特于5月27日出院，然后和玛丽·麦卡锡一起来到伦敦，接着又去往特格纳，因为担心她的安全，朋友埃尔克·吉尔贝特一路护送她。特格纳是阿伦特的避难所，她依然住在巴尔巴泰旅店以前的房间里。当安顿下来，感觉身体还不错时，她便开始接待来访的客人，有罗伯特·吉尔贝特[1]、

[1] 罗伯特·吉尔贝特(Robert Gilbert，1899—1978)，德国作曲家、作词人、歌手。

汉斯·约纳斯、安妮·魏尔、汉斯·摩根索。就这样，她每天白天工作，晚上见朋友。在休息了一个月后，阿伦特决定不顾医嘱，去弗赖堡见海德格尔。这次见面让阿伦特很沮丧。尽管她身体状况糟糕，但埃尔弗里德依然不让他们单独相处。阿伦特希望能和海德格尔谈谈《心智生命》，但她几乎没机会和他说话。

阿伯丁大学的讲座推迟到了第二年，这次欧洲之行让阿伦特感到挫败，夏天结束后，她回到了在纽约的家。继续白天上课写书，晚上招待朋友和学生在家里吃饭。

1975 年春天，她获得了丹麦政府颁发的桑宁奖，表彰她对欧洲文化的杰出贡献，她受邀在哈佛大学的阿瑟顿讲座上讲苏格拉底。讲座结束后，她又来到位于德国马尔巴赫市的德国文学档案馆，在 6 月花了四个星期的时间整理雅斯贝尔斯的文件。阿伦特刚来的时候精神状态非常好。朋友们回忆，某天在餐厅一起午餐时，她站起来背诵席勒的诗。但到了这个月的末尾，她感觉日益疲累。她不习惯整天待在室内图书馆，玛丽·麦卡锡中间过来和她一起待了几天，看到她情绪烦躁，疲惫不堪。

阿伦特离开档案馆，来到了特格纳，又一次住进在巴尔巴泰旅店的房间。她的书桌面向“一条深邃的山谷和白雪皑皑的阿尔卑斯山峰”。她在写“意志”这一卷中对海德格尔的批评部分，尽管上次见面并不顺利，她又再次前往弗赖堡拜访他。这次她终于能够和他谈话，但发现他“突然变得非常老迈”，“耳朵聋了，神情漠然”。她写信给玛丽·麦卡锡说，

1975 年，汉娜 · 阿伦特在德国的马尔巴赫市

她感觉“周围的人突然都变成了很老的老人”。这次旅行她还见到了她的第一任丈夫君特·安德斯，他那位美国钢琴家妻子去世了，他的“状态也非常糟糕”。汉斯·摩根索约好要来特格纳见阿伦特，却突然中风。德国作家乌韦·约翰逊原本计划在她走之前和她见面，却诊断出冠状动脉血栓症。尽管有一连串的坏消息，她对海德格尔的状态也感到悲伤，但阿伦特让麦卡锡放心，说这依然是个美好的夏天。[10]

但这次，当汉娜·阿伦特再次回到位于河滨大道 370 号的家时，她发现自己很难再出门了。她白天待在家里，例行写她的《心智生命》书稿。晚上有客人来访，朋友们还一起为她庆祝了 69 岁的生日，但阿伦特已经厌倦了纽约。感恩节后那一天，她在街上被一个坑绊倒，路人围着她，还报了警，但在警察来之前，阿伦特自己努力站起来，走回了家。她没跟任何人提起这件事，还跟玛丽·麦卡锡撒谎说自己约了看医生。她的确预约了，但没有去。

几周后，12 月 4 日的星期四，阿伦特邀请萨洛和珍妮特·巴龙夫妇晚上 8 点到家里共进晚餐。吃完饭，他们来到起居室，阿伦特端上咖啡。在聊天中，阿伦特咳嗽了一会儿，而后晕倒在了沙发上。萨洛和珍妮特在橱柜里找到了一个药瓶，打电话叫了医生。医生过来后，又让洛特·科勒赶快过来，等洛特赶来时，已经太晚了。汉娜·阿伦特因严重心脏病发作去世了。

就像她为布吕歇尔所做的那样，洛特给他们的朋友们发了电报，告诉他们阿伦特去世了。第二天，阿伦特的研究助理拉里·梅在她的打字机里发现了《心智生命》第三卷的扉页。上面写了卷名“判断”以及两段引语。第一段引自卢坎《法萨里亚》[1]中关于小加图[2]的一句话，“Victrix causa diis placuit sed victa Catoni”（胜利的事业让诸神高兴，但失败的事业让加图高兴），这也是阿伦特结束“思考”卷的跋语。第二段引语出自歌德《浮士德》第二部第五幕：

> 但愿魔术离开我的生命途程，
> 并把咒语忘得一干二净，
> 那怕在大自然面前是只身孤影，
> 也值得作一个顶天立地的人！[3]

1975年12月8日，阿伦特的追思会在纽约76街与阿姆斯特丹大道交叉处的河滨纪念教堂举行。葬礼仪式很简单。她躺在一个松木的棺椁中，身上覆满了白色的玫瑰。在葬礼前一晚，她的朋友们在争论要不要吟诵犹太教祈祷文，最后决定采取折中的做法：由阿伦特的侄女用希伯来语朗诵一首赞美诗，沙南·克兰波特的儿子丹尼尔·克兰波特用英语朗诵一遍。

---

[1] 卢坎（Lucan，39—65），罗马诗人。《法萨里亚》（*Pharsalia*）是他最著名的史诗作品，描述恺撒与庞培之间的内战。

[2] （小）加图（Cato the Younger，公元前95—公元前46），古罗马政治家，大加图的曾孙，斯多葛派哲学信徒，支持元老院共和派，反对恺撒和喀提林，因共和军战败而自杀。

[3] 引自《浮士德》，[德]歌德著，绿原译，人民文学出版社，2017年。

大约300人参加了汉娜·阿伦特的追思会，阿伦特在纽约社会研究新学院的最后一位教学助理杰尔姆·科恩这样评价她，“我们这个时代最伟大的老师之一”。汉斯·约纳斯谈到她对生活的热情：“一切经过她的审视之后，就变得不一样了。”阿伦特作品的出版人，威廉·约万诺维奇说：

> 她是一个充满热情的人，像正义的信仰者一样坚定，像同情的信仰者一样恒久。她憎恶暴力，但又支持正义公民事业中的不服从。她一直在进行严肃的探索，如果她树了敌，那从来不是因为恐惧。就我来说，我对她充满强烈的爱……汉娜让我不再因生而为人感到羞愧。[11]

玛丽·麦卡锡将阿伦特描述为“一个具体的人”：

> 她是一个美丽的女人，迷人，充满魅力；尤其那双会说话的眼睛，明亮而活泼，智慧的光芒似乎随时会从里面跃出来，但又像一潭思想的幽深池水。汉娜身上有一种深不可测的东西，似乎就反映在那双充满思想的深沉眼眸中。[12]

第二个月，麦卡锡的悼词在《纽约书评》上发表：

> 她躺在棺木中，眼皮合上了，盖住了那双深不

可测的眼睛，头发在高贵的额头上高高卷起，此时的她不再是汉娜，而是一位18世纪哲学家平静的死亡面模。我无法让自己触摸躺在殡仪馆的那位高贵的陌生人，只在人们熟识的那具头颅下方，她那脖颈柔软而粗糙的细纹中，我找到了一个地方，向她道别。[13]

那年春天，汉娜·阿伦特的骨灰葬在巴德学院公墓海因里希·布吕歇尔的旁边，地点在纽约哈得孙河上的安嫩代尔。到了最后，在人类事务领域的赞美和慰问中，汉娜·阿伦特完成了她在《人的境况》中以优雅措辞描述的一桩罕见的英雄壮举：不朽。

讲述故事

在希腊和罗马神话中，声名女神菲墨被赋予了权力，通过散播半真半假的话和谎言，或赐予人不朽的声名，或毁掉人的名誉。因为这双重的权力，声名女神在神话中是善恶参半的。希腊诗人赫西俄德将她描述为作恶者。维吉尔把她描述为一个行动迅捷、像鸟一样的怪物，当她的头冲入云霄时，羽翼末端长着的眼睛、嘴唇和耳朵会掠过地面。在罗马诗人奥维德笔下，她住在山顶的宫殿，宫殿回荡着铜管乐器的声音。她偏爱名流要人，鄙视挑战她的人，散播他们的谣言。她是大地女神盖娅的女儿，据说当菲墨得知凡人的事情后，她便开始悄悄说出来，然后声音越来越大，最后整个世界都能听见。

但是汉娜·阿伦特认为，声名是一个社会现象，人们从来不能自己讲述自己的故事，我们也从来无法预测菲墨会祝福谁，诅咒谁。碰巧的是，汉娜·阿伦特的遗产被菲墨的双重力量同时碰触了。在她的时代，围绕着她的生活和工作有不少流言和半真半假的传言，但她在身后也获得了不朽的声名。

如果说汉娜·阿伦特是一位哲学家或者政治理论家，那是一种误导。要描述她的工作，我们最好要用上一个矛盾的清单：汉娜·阿伦特是一位诗性思想家但不是一位诗人，尽管她也写诗；汉娜·阿伦特不是一位哲学家，尽管她也做哲学方面的工作；汉娜·阿伦特不是一位传记作家，虽然她为了了解人类的境况，写了许多传记性质的文本；汉娜·阿伦特不是记者、批评家、散文家、书评人、编辑或者政治活动家，尽管当这些角色找上她的时候，她都付出精力做了相应的工作。如果我们要一个确定的描述，也许我们可以同意玛丽·麦卡锡所言，汉娜·阿伦特加入了苏格拉底和卡尔·雅斯贝尔斯的行列，是一位卓越的思想家。但我怀疑她会不接受这个说法。

杰尔姆·科恩曾经说过一句话：“汉娜·阿伦特的问题在于，她知道得太多了。”这里所说的“知道”，我们可以有两种理解，第一是习得知识的能力，第二是在事物之间建立关联的能力。将阿伦特的工作和其他人区别开来，并将继续区别开来的是，她在自己曾经阅读和背诵的文学作品之间建立联系的能力。挣脱了传统桎梏的阿伦特，可以自由地重新观看这个世界，在这样做的时候，她直面了她这代人的经验。她对于诗歌、哲学、诗学和文学的掌握，让她在充满不确定性的世界上获得了一种持存感。她给出的一个关于思考的隐喻为“不带扶手来思考”。她将这种思考描述为在一个没有任何扶手的楼梯上，不停地上上下下。也许确实没有任何抓手，但阿伦特的隐喻确实给了我们一个可以站立的基础——她自由来去的那些阶梯就是她留给我们的事先没有预置遗嘱的遗产。

阿伦特从来没有定义过自己：她明白一个人是谁不是他们自己可以决定的。我们是谁，只能通过我们在人类事务公共领域的言语和行动显露出来。我们是谁，是我们存在的一个事实，决定了我们在世界上的经验，但它不决定我们的命运。汉娜·阿伦特唯一一次宣告自己的身份是在她感觉作为一个犹太难民有政治上的必要性时。在她眼中，犹太复国主义当时是解决犹太问题的唯一出路。她的犹太复国主义反映的是她的母亲在她小时候教给她的一课：“如果一个人因身为犹太人遭到攻击时，他就必须作为犹太人来保卫自己。”

但阿伦特没有对一个民族的爱，她抗拒这个概念蕴含的意识形态推动力。生来为女人，生来为犹太人，这些和名声一样，是她无力控制的东西。这些是她生存于世的事实。当格肖姆·肖勒姆向她说，她不爱她的民族时，她不能否认他的指责。要求这种爱，就是要求一种让人背弃经验世界的盲目性。然而，关于阿伦特的立场讽刺的是，一个人必须深爱一种人民或民族，才会以她那样的方式去批评和评判他们。但这就是她所说的爱这个世界的意思。我们不能拿走善的同时，对恶的视而不见。阿伦特拒绝那种说法，认为她的身份应该让她以某种特定方式思考或行动。显然，匆匆了解下阿伦特的人生，也能看出从来没有人告诉她该怎样思考或行动。当她受邀和历史学家霍华德·萨查尔参与一场讨论会时，后者公开批评她的作品，她以自己独特的方式回应道：“我讨厌当个刺儿头，但恐怕我确实是个刺儿头。”

20 世纪 80 年代初，伊丽莎白·扬－布鲁尔出版了那部内容全面的传记，《爱这个世界：汉娜·阿伦特传》，此后，无数种与她相关的作品和书信在她身后出版，让读者看到了关于阿伦特生活和工作的更加丰富的画面。不足为怪的是，新发现的文件和翻译文本只是强化了菲墨两方面的评判。阿伦特对艾希曼在耶路撒冷受审的报道，长期处于争议之中，许多后来者在此受到启迪，或者感到愤怒。阿伦特和马丁·海德格尔的关系也是同样，不断有人就这个话题写出一些最好和最糟的反思性文章。最近又出现了大量围绕汉娜·阿伦特和种族问题的学术研究。

在过去几年中，随着反自由主义在世界各地的崛起，汉娜·阿伦特那部《极权主义的起源》引发了前所未有的关注。理查德·伯恩斯坦写了一部大众普及著作《今天，我们为什么阅读汉娜·阿伦特？》，全世界有无数文章写阿伦特对法西斯主义和极权主义的分析。当阿伦特的作品帮助我们在当下找到方向，当我们面对一个新现象定义的新世纪，我们必须直面我们面前发生的事。我们的世纪不是汉娜·阿伦特的世纪，这是阿伦特留给我们的一部分挑战。她作品的核心是，我们必须不断地对世界进行新的思考，定义新的界限，绘制新的格局，寻找新的语言，讲述新的故事。这是她留给我们的遗产。

我们似乎能够看到，汉娜·阿伦特俯身在她的木头书桌上，面前是她的蓝色打印机，旁边是一把巨大的银色剪刀和一卷透明胶带，这既是一幅画面，又像一篇文字，生气勃勃，带着对理解的热望。

致谢

写一部关于汉娜·阿伦特人生和作品的介绍性传记，是一项艰巨的工作。当我来到这个世界上时，汉娜·阿伦特已经去世了，我只能通过她的文字、其他人的作品以及认识她的人，来了解她。这不是一件容易的工作，没有前人的辛勤工作、善意和指引，这是不可能完成的。这部传记中的许多细节，特别是有关阿伦特早年生活的部分，如果没有伊丽莎白·扬-布鲁尔的《爱这个世界：汉娜·阿伦特传》，便是不存在的。我也非常确定，如果不是因为杰尔姆·科恩，所有这些都不会存在，他是汉娜·阿伦特作品和遗产的保管人。

如果没有敬业的图书馆馆员和档案人员，这本书的内容会相当匮乏。我永远要感激芭芭拉·贝尔，她是华盛顿特区国会图书馆阿伦特档案的管理人，让我能够查看阿伦特的文件。因为乌尔里希·冯·巴娄，我得以在德国马尔巴赫市的德国文学档案馆阅读阿伦特的《思考日记》，这本日记让阿伦特的思想以全新的方式展现在我面前。海伦妮·蒂格尔是史蒂文森图书馆阿伦特分馆的负责人，她允许我在阿伦特作品的书架间漫游，让我充满了愉悦。书中一些关于阿伦特移民和交友的私密细节，是我在纽约公共图书馆的“伯格资料室”和“手稿阅览室”找到的。我还要感谢牛津大学博德莱安图书馆特殊馆藏部门的工作人员，因为情况特殊，他们把我最后需要的资料寄给了我，让我能够完成书稿的写作。

在过去六年中，我一直在纽约市立大学的布鲁克林社会研究学院讲授“汉娜·阿伦特”课程。我的学生们自愿作为实验对象，不知不觉让我在课堂上构思出了这本书的写作思路。我要感谢我布鲁克林学院的朋友和同事，是他们让我在世界上有了归家之感，可以自由地不受学界束缚地追求心智生活，苏珊娜·施奈德、阿贾伊·塞恩·乔杜里、马克·德卢卡斯，谢谢你们。

感谢我另一个学术家园，巴德学院的“奎特帮”——你们知道我说的是谁。

感谢我亲爱的海德堡家人，劳丽·格雷丝·金和金·贝利，他们总是带着老派美国人的欢乐劲头。劳丽，我无法想象没有你的世界会是什么样子。你是我的希尔德·弗伦克尔。感谢书呆子咖啡馆老板，他慷慨地让我一直坐在店里，在过去六年，我在咖啡馆楼上完成了一篇学位论文，两部书稿。

我还要隆重地感谢我无比耐心的编辑，维维安·康斯坦丁诺普斯和菲比·科利。许多谢意也要送给本杰明·乌戛福特，他富有幽默感，以批判的眼光审读了早期的初稿，还有约翰 · D. 麦克雷迪，感谢他愿意和我对话，为我答疑解惑。迈克尔 · 史蒂文森为我审读了书稿中关于海德格尔的部分，感谢你的支持。我非常幸运地得以拜访纽约新学院社会研究学院的理查德 · 伯恩斯坦，他给我讲了阿伦特的故事，让我可以窥见阿伦特在现实生活中的样子。杰尔姆 · 科恩为我校订了终稿，这对我来说是一件价值无可估量的礼物。还要感谢琳塞 · 斯通布里奇，是她推荐我来写这部书。

正如汉娜 · 阿伦特熟知的，写作要求一个人退出在世界上的显现，回到孤独的领域。感谢我的朋友和家人，一直忍受我漫长的不可预知的失踪：苏珊·吉莱斯皮、马克·古茨默、克拉拉·茨维克尔、爸爸、妈妈、伊莱、斯科特、亚历山德拉、李、索菲亚、杰克逊、克里斯托弗、维维安、露丝、伊莎贝尔 · 罗斯、苏瑟比 · 希尔——我爱你们。

托马斯·卢克·巴切雷尔，约汉娜的这些洞见是送给你的。我爱你：我愿你是你所是（Amo:Volo ut sis）[1]。

[1] 这是奥古斯丁最喜欢的格言，阿伦特曾在她的博士论文中反复引用。

注释

序言：理解

1 Emily Dickinson, *The Complete Poems of Emily Dickinson*, ed. Thomas H. Johnson (Cambridge, MA, 1960), p. 151 (poem 320).

2 Hannah Arendt, *The Human Condition* (Chicago, IL, 1998), p. 5.

3 Carol Brightman, ed., *Between Friends: The Correspondence of Hannah Arendt and Mary McCarthy, 1949–1975* (New York, 1995), p. 391.

4 Hans Jonas, quoted in Elisabeth Young-Bruehl, *Hannah Arendt: For Love of the World* (New Haven, CT, 2004), p. 18.

5 Julia Kristeva and Frank Collins, *Hannah Arendt: Life Is a Narrative* (Toronto, 2001), p. 25.

6 Lionel Abel, quoted in Daniel Maier-Katkin, 'The Reception of Hannah Arendt's *Eichmann in Jerusalem* in the United States, 1963–2011', VI/1–2 (2011), www.hannaharendt.net, accessed 28 July 2020.

7 Office Memorandum, U.S. Government. Letter to FBI Director, 30 April 1956.

8 'Zur Person', ZDF, 28 October 1964; transcribed as Hannah Arendt, 'What Remains? Language Remains: A Conversation with Günter Gaus', trans. Joan Stambaugh, in *Essays in Understanding, 1930–1954*, ed. Jerome Kohn (New York, 1994), pp. 1–23. Arendt said, 'What is important for me is to understand.'

9 Hannah Arendt, *The Portable Hannah Arendt*, trans. Joan Stambaugh, ed. Peter Baehr (New York, 2003), p. 11.

10 Hannah Arendt, *Denktagebuch. Bd. 1: 1950–1973*, ed. Ursula Ludz and Ingrid Nordmann (Zürich, 2002).

11 Hannah Arendt, *The Life of the Mind*, ed. Mary McCarthy (New York, 1981), p. 176.

12 Hannah Arendt, 'Understanding and Politics (The Difficulties of Understanding)', in *Essays in Understanding, 1930–1954*, ed. Jerome Kohn (New York, 1994), pp. 307–27.

13 Hannah Arendt's correspondence with Roger Errera is held in the Hannah Arendt Archive in the Library of Congress, Washington, DC.
14 I thank my Bard College colleague Thomas Wild for this insight.
15 Hannah Arendt, 'Zionism Reconsidered', in *The Jewish Writings*, ed. Jerome Kohn and Ron H. Feldman (New York, 2007), p. 374.

内在的觉醒

1 Hannah Arendt, 'Preface to the First Edition', *The Origins of Totalitarianism* (London, 2017), p. iii.
2 Elisabeth Young-Bruehl, *Hannah Arendt: For Love of the World* (New Haven, CT, 1982), p. 13.
3 David Sorkin, 'Wilhelm von Humboldt: The Theory and Practice of Self-Formation (*Bildung*), 1791–1810', *Journal of the History of Ideas*, XLIV/1 (1983), pp. 55–73.
4 Author's translation. Martha Arendt, 'Notre enfant', in Hannah Arendt, *À travers le mur: un conte et trois paraboles*, ed. Karin Biro (Paris, 2017), p. 56.
5 Ibid., pp. 55–6.
6 Young-Bruehl, *Hannah Arendt*, p. 10.
7 Hannah Arendt, *The Portable Hannah Arendt*, trans. Joan Stambaugh, ed. Peter Baehr (New York, 2003), pp. 7–8; Young-Bruehl recounts the event: 'Hannah Arendt came home from her elementary school one day to ask her mother if what one of her schoolmates had told her was true – that her grandfather had murdered the Lord Jesus'; *Hannah Arendt*, p. 11.
8 Max Arendt married Johanna Wohlgemuth and had Arendt's father Paul and another child. When Johanna died he married her sister, Klara.
9 After the Battle of Tannenberg at the end of August, followed by Field Marshal von Hindenburg's defeat of the Russians at the First Battle of the Masurian Lakes, the Russians were forced to retreat completely from East Prussia.
10 'Zur Person', ZDF, 28 October 1964; transcribed as Hannah Arendt, 'What Remains? Language Remains: A Conversation with Günter Gaus', trans. Joan Stambaugh, in *Essays in Understanding, 1930–1954*, ed. Jerome Kohn (New York, 1994), pp. 1–23.
11 Young-Bruehl, *Hannah Arendt: For Love of the World*, p. 33.
12 Ibid., p. 29.

《阴影》

1 Author's translation. Hannah Arendt, *Denktagebuch*, I, Notebook 4, Entry 13, p. 91.
2 Antonia Grunenberg, *Hannah Arendt and Martin Heidegger: History of a Love* (Bloomington, IN, 2017), p. 17.
3 Hans-Georg Gadamer, quoted ibid., p. 58.
4 Hannah Arendt and Martin Heidegger, *Letters, 1925–1975*, ed. Ursula Ludz, trans. Andrew Shields (New York, 2004), p. 9.
5 Ibid., p. 3.
6 Ibid., p. 50.
7 Ibid., pp. 12–13.
8 Both copies are in Hannah Arendt's Archive at the Library of Congress in Washington, DC.
9 Arendt and Heidegger, *Letters*, pp. 52–3.
10 Hannah Arendt, 'Heidegger the Fox', in *Essays in Understanding, 1930–1954*, ed. Jerome Kohn (New York, 1994), pp. 361–2.
11 Hannah Arendt to Karl Jaspers, 9 July 1946, in Hannah Arendt and Karl Jaspers, *Correspondence, 1926–1969*, ed. Lotte Köhler and Hans Saner, trans. Robert and Rita Kimber (New York, 1992).
12 In 2014 Heidegger's *Black Notebooks* were published. The *Notebooks* bring together more than a thousand pages of carefully detailed entries that Heidegger wrote between the early 1930s and late 1970s, and reveal a conscious awareness of National Socialism, suggesting that his participation was not unthinking. In particular the *Notebooks* contain several explicit anti-Semitic passages that address the way he thought about the Jewish people and world history. Hannah Arendt never saw Heidegger's *Notebooks*, so it would be pure speculation to imagine what she would have thought if she had read them.

《爱与圣奥古斯丁》

1 Elisabeth Young-Bruehl, *Hannah Arendt: For Love of the World* (New Haven, CT, 1982), p. 64.
2 Joanna Vecchiarelli Scott and Judith Chelius Stark, 'Rediscovering Love and Saint Augustine', preface to Hannah Arendt, *Love and Saint*

Augustine, ed. Scott and Stark (Chicago, IL, 1996), p. xv.
3 Ibid., p. 67.
4 Hannah Arendt, *The Origins of Totalitarianism* (New York, 1973), p. 479.

一个犹太女性的生活

1 This is an abridged summary of Hitler's rise to power for historical context. If you are looking for a more detailed timeline, I would suggest that given on the website of the United States Holocaust Memorial Museum (www.ushmm.org).
2 Sybille Bedford, 'Emancipation and Destiny', *Book News*, 12 December 1958; quoted in Elisabeth Young-Bruehl, *Hannah Arendt: For Love of the World* (New Haven, CT, 1982), p. 87.
3 Ibid., p. 197.
4 Ibid., p. 196.
5 Ibid.
6 Hannah Arendt and Martin Heidegger, *Letters, 1925–1975*, ed. Ursula Ludz, trans. Andrew Shields (New York, 2004), pp. 37–8.
7 Author's translation. Günther Anders, *Die Kirschenschlacht: Dialoge mit Hannah* (Munich, 2011).
8 Ibid., pp. 11–12.
9 Young-Bruehl, *Hannah Arendt*, p. 79.
10 Jason Dawsey, *History after Hiroshima: Günther Anders and the Twentieth Century*, September 2004, www.marcuse.faculty.history.ucsb.edu, accessed 31 July 2020.
11 Young-Bruehl, *Hannah Arendt*, p. 134.
12 www.guenther-anders-gesellschaft.org/vita-english.
13 Despite these distinct differences there are many overlapping grounds of interest where they might have met in conversation, particularly around Kantian judgement. Arendt and Adorno both employed critique in their work in the Kantian sense of analysing the conditions, possibilities and limits of rational faculties in reasoning itself, assuming a self-reflective position for understanding the world.
14 Young-Bruehl, *Hannah Arendt*, p. 84.
15 Hannah Arendt, 'On the Emancipation of Women', in *Essays in Understanding, 1930–1954*, ed. Jerome Kohn (New York, 1994), pp. 67–8.

16 Hannah Arendt, 'Rosa Luxemburg', in *Men in Dark Times* (New York, 1968), p. 44.

转向政治

1 Hannah Arendt, 'What Remains? Language Remains: A Conversation with Günter Gaus', trans. Joan Stambaugh, in *Essays in Understanding, 1930–1954*, ed. Jerome Kohn (New York, 1994), pp. 4–5.
2 Hannah Arendt, 'The Image of Hell', ibid., p. 203.
3 Hannah Arendt, 'What Remains?', p. 12.
4 Elisabeth Young-Bruehl, *Hannah Arendt: For Love of the World* (New Haven, CT, 1982), p. 106.
5 Ibid., pp. 5–6.
6 Young-Bruehl, *Hannah Arendt*, p. 106.
7 Ibid., p. 107.

"我们这些难民"

1 Elisabeth Young-Bruehl, *Hannah Arendt: For Love of the World* (New Haven, CT, 1982), p. 119.
2 Ibid., p. 116.
3 Michael S. Roth, 'A Problem of Recognition: Alexandre Kojève and the End of History', *History and Theory*, XXIV/3 (1985), pp. 293–306.
4 Hannah Arendt's application to the Emergency Committee in Aid of Displaced Foreign Scholars is held at the New York Public Library in the Manuscript Division.
5 Young-Bruehl, *Hannah Arendt*, p. 120.
6 Hannah Arendt, 'We Refugees', in *The Jewish Writings*, ed. Jerome Kohn and Ron H. Feldman (New York, 2007), p. 272.
7 Ibid., p. 271.
8 Hannah Arendt, 'Some Young People Are Going Home', in *The Jewish Writings*, p. 34.
9 Carol Brightman, ed., *Between Friends: The Correspondence of Hannah Arendt and Mary McCarthy, 1949–1975* (New York, 1996), p. 248.
10 Young-Bruehl, *Hannah Arendt*, p. 134.

11 Hannah Arendt and Martin Heidegger, *Letters, 1925–1975*, ed. Ursula Ludz, trans. Andrew Shields (New York, 2004), p. 61.
12 'August 24, 1936', ibid.
13 Hannah Arendt's family papers are located in the Hannah Arendt archive at the Library of Congress in Washington, DC.
14 Young-Bruehl, *Hannah Arendt*, p. 135.
15 Ibid.
16 Ibid., p. 133.
17 Hannah Arendt and Heinrich Blücher, 'Geneva, September 18, 1937', in *Within Four Walls: The Correspondence between Hannah Arendt and Heinrich Blücher, 1936–1968*, ed. Lotte Köhler (New York, 2000), pp. 40–41.

拘禁

1 Howard Eiland and Michael W. Jennings, *Walter Benjamin: A Critical Life* (Cambridge, MA, 2014), pp. 648–9.
2 Hannah Arendt, *Men in Dark Times* (New York, 1968), p. 245.
3 Ibid.
4 Lisa Fittko, *Escape through the Pyrenees* (Evanston, IL, 2000), p. 10.
5 This account is a synopsis of ibid. and research done on the Jewish Virtual Library's website: www.jewishvirtual.org.
6 Hanna Schramm and Barbara Vormeier, *Vivre à Gurs: un camp de concentration français, 1940–1941* (Paris, 1979).
7 Frederick Raymes and Menachem Mayer, *Are the Trees in Bloom Over There?* (Jerusalem, 2002), pp. 79–82.
8 'Gurs Transit Camp', www.jewishvirtuallibrary.org, accessed December 2019.
9 Hannah Arendt, 'We Refugees', in *The Jewish Writings* (New York, 2007), pp. 267–8.
10 Tadeusz Borowski, *This Way for the Gas, Ladies and Gentlemen* (1967) (New York, 1992), p. 122.
11 Elisabeth Young-Bruehl, *Hannah Arendt: For Love of the World* (New Haven, CT, 1982), p. 154.
12 Bruno Bettelheim, 'Freedom from Ghetto Thinking', *Midstream* (Spring 1962), pp. 16–25.
13 Fittko, *Escape through the Pyrenees*, p. 43.

紧急状态

1 Lisa Fittko, *Escape through the Pyrenees* (Evanston, IL, 2000), p. 66.
2 Marie Luise Knott, ed., *The Correspondence of Hannah Arendt and Gershom Scholem*, trans. Anthony David (Chicago, IL, 2017), p. 7.
3 'At the beginning of July, I left Lourdes *à la recherche de mon mari perdu* [looking for my lost husband]. Benji was hardly thrilled, and I vacillated back and forth if I should take him with me. But that would have been simply impossible.' Ibid., p. 8.
4 Elisabeth Young-Bruehl, *Hannah Arendt: For Love of the World* (New Haven, CT, 1982), p. 156.
5 Lyndsey Stonebridge, 'Why Hannah Arendt is the philosopher for now', *New Statesman* (20 March 2019).
6 John Vinocur, 'Varian Fry Fought U.S. State Dept. to Rescue Jews in World War II: Marseille Honors an American Hero', *New York Times*, 19 October 2020.
7 Young-Bruehl, *Hannah Arendt*, pp. 158–9.
8 Walter Benjamin, *Theses on the Philosophy of History* (New York, 1968), p. 257.
9 Hannah Arendt, introduction to Walter Benjamin, *Illuminations* (New York, 1968), p. 5.

过渡

1 Hannah Arendt and Günther Anders, *Schreib doch mal 'hard facts'* über *Dich: Briefe, 1939 bis 1975*, ed. Kerstin Putz (Munich, 2018), p. 23.
2 Elisabeth Young-Bruehl, *Hannah Arendt: For Love of the World* (New Haven, CT, 1982), p. 164.
3 Lotte Köhler, ed., *Within Four Walls: The Correspondence between Hannah Arendt and Heinrich Blücher, 1936–1968* (New York, 2000), p. 59.
4 Ibid., p. 60.
5 Ibid.
6 Hans Jonas, 'Hannah Arendt: An Intimate Portrait', *New England Review*, XXVII/2 (2006), pp. 133–42.

7 Hannah Arendt, 'Is America by Nature a Violent Society?', in *Thinking Without a Banister: Essays in Understanding, 1953–1975*, ed. Jerome Kohn (New York, 2018), p. 355.
8 Köhler, ed., *Within Four Walls*, p. 63.
9 Salo W. Baron, 'Hannah Arendt (1906–1975)', *Jewish Social Studies*, XXXVIII/2 (1976), pp. 187–9.
10 Hannah Arendt, *The Jewish Writings* (New York, 2007), p. 163.
11 Young-Bruehl, *Hannah Arendt*, p. 177.
12 Ibid., p. 181.
13 Hannah Arendt, *The Origins of Totalitarianism* (New York, 1951), p. 56.
14 Elisabeth Young-Bruehl, *Hannah Arendt*, p. 174.

友谊

1 Hannah Arendt to Karl Jaspers, in Hannah Arendt and Karl Jaspers, *Correspondence, 1926–1969*, ed. Lotte Köhler and Hans Saner, trans. Robert and Rita Kimber (New York, 1992), p. 23.
2 Ibid., p. 24.
3 Kathleen B. Jones, 'Hannah Arendt's Female Friends', *Los Angeles Review of Books* (12 November 2013).
4 Ibid.
5 *Politics*, stylized as *politics*, was a journal founded and edited by Dwight Macdonald from 1944 to 1949. Macdonald had previously been editor at *Partisan Review* from 1937 to 1943, but after falling out with its publishers, quit to start *politics* as a rival publication, first on a monthly basis and then as a quarterly.
6 Hannah Arendt, *Thinking Without a Banister: Essays in Understanding, 1953–1975*, ed. Jerome Kohn (New York, 2018).
7 Hannah Arendt, *Men in Dark Times* (New York, 1968), p. 263.
8 Ibid., p. 264.
9 Quoted in Elisabeth Young-Bruehl, *Hannah Arendt: For Love of the World* (New Haven, CT, 1982), p. 192.
10 Ibid., p. 190.
11 Hannah Ahrendt, 'Franz Kafka: A Reevaluation', *Partisan Review*, XI/4 (1944).
12 *Die Wandlumg*, I/12 (1945–6); *Sechs Essays* (Heidelberg, 1948), rev. as *Die verborgene Tradition: Acht Essays* (Frankfurt, 1976).

13 Hannah Arendt, *Reflections on Literature and Culture*, ed. Susannah Gottlieb (Stanford, CA, 2007), p. 122.
14 These telegrams are located in the Hannah Arendt archive at the Library of Congress in Washington, DC, in Arendt's correspondence with Eva Beerwald.
15 Lotte Köhler, ed., *Within Four Walls: The Correspondence between Hannah Arendt and Heinrich Blücher, 1936–1968* (New York, 2000).

和解

1 Salo W. Baron, 'Hannah Arendt (1906–1975)', *Jewish Social Studies*, XXXVIII/2 (1976), pp. 187–9.
2 Lotte Köhler, ed., *Within Four Walls: The Correspondence between Hannah Arendt and Heinrich Blücher, 1936–1968* (New York, 2000), p. 115. In a letter dated 5 February 1950 Hannah writes to Heinrich: 'In Heidelberg I heard an absolutely outrageous story of what Heidegger has done to Jaspers, now that he is trying, trying as hard as possible, to make friends on the other side. Will be in Freiburg on Monday, will have to be, but no longer have the slightest wish ever to see that man again. Jaspers knows nothing. Should I tell him? Should I maybe not? I don't know. I'm at a loss.'
3 Hans Jonas, 'Hannah Arendt: An Intimate Portrait', *New England Review*, XXVII/2 (2006), pp. 133–42.
4 Elzbieta Ettinger, *Hannah Arendt/Martin Heidegger* (New Haven, CT, 1997), p. 70.
5 Köhler, ed., *Within Four Walls*, p. 59.
6 Ibid.
7 Ibid., p. 123.

《极权主义的起源》

1 Hannah Arendt and Karl Jaspers, *Correspondence, 1926–1969*, ed. Lotte Köhler and Hans Saner (New York, 1993), p. 34.
2 Hannah Arendt, 'Race-Thinking before Racism', *Review of Politics*, VI/1 (1944), pp. 36–73.

3 Hannah Arendt, *The Origins of Totalitarianism* (New York, 1951), p. 444.
4 Peter Baehr and Gordon C. Wells, 'Debating Totalitarianism: An Exchange of Letters between Hannah Arendt and Eric Voegelin', *History and Theory*, LI/3 (2012), pp. 364–80.
5 Hannah Arendt, 'Totalitarianism', in *The Portable Hannah Arendt*, trans. Joan Stambaugh, ed. Peter Baehr (New York, 2003), pp. 77–8.
6 Arendt, *The Origins of Totalitarianism*, p. 138.
7 Elisabeth Young-Bruehl, *Hannah Arendt: For Love of the World* (New Haven, CT, 1982), p. 276.
8 Ibid., p. 263.
9 Author's translation. Hannah Arendt, *Denktagebuch*, I, Notebook 8, Entry 30, p. 197.
10 Hannah Arendt, 'The Ex-Communists', *The Commonweal* (20 March 1953), pp. 595–9; cited in Jerome Kohn, 'Hannah Arendt – Among Friends?', Hannah Arendt Center for Politics and Humanities, 3 December 2015, https://hac.bard.edu, accessed 6 August 2020.
11 *Yale Daily News*, 8 November 1968; Hannah Arendt Archive, Library of Congress, Clippings, 1941–1975.
12 Young-Bruehl, *Hannah Arendt*, p. 270.

《爱这个世界》

1 Hannah Arendt, *The Human Condition* (Chicago, IL, 1958), p. 1.
2 Ibid., pp. 7–8.
3 Ibid., p. 9.
4 Hannah Arendt, *On Revolution* (New York, 1963), p. 275.
5 Hannah Arendt, 'Karl Marx and the Tradition of Western Political Thought', *Social Research*, LXIX/2 (2002), pp. 273–319.
6 Hannah Arendt and Karl Jaspers, *Correspondence, 1926–1969*, ed. Lotte Köhler and Hans Saner (New York, 1993), p. 160.
7 Ibid., p. 163.
8 Ibid., p. 167.
9 Arendt, *The Human Condition*, p. 256.
10 Ibid., p. 5.
11 Hannah Arendt, *Denktagebuch*, Notebook 21, Section 68, August, 1955: 'Heidegger hat unrecht: "in die Welt" ist der Mensch nicht "geworfen";

wenn wir geworfen sind, so – nicht anders als die Tiere – auf die Erde. In die Welt gerade wird der Mensch geleitet, nicht geworfen, da gerade stellt sich seine Kontinuität her und offenbart seine Zugehörigkeit. Wehe uns, wenn wir in die Welt geworfen werden!' ('Heidegger is wrong: man is not "thrown" "in the world"; if we are thrown, then – no differently from animals – onto the earth. Man is precisely guided, not thrown, precisely for that reason his continuity arises and the way he belongs appears. Poor us, if we are thrown into the world!')

12 Hannah Arendt and Martin Heidegger, *Letters, 1925–1975*, ed. Ursula Ludz, trans. Andrew Shields (New York, 2004), pp. 123–4.

《过去与未来之间》

1 Elisabeth Young-Bruehl, *Hannah Arendt: For Love of the World* (New Haven, CT, 1982), p. 235.
2 Hannah Arendt, *Between Past and Future* (New York, 1961), p. 8.
3 Ibid., p. 14.
4 Hannah Arendt and Karl Jaspers, *Correspondence, 1926–1969*, ed. Lotte Köhler and Hans Saner (New York, 1993), p. 385.
5 Ibid.
6 Ibid., p. 386.
7 Hannah Arendt, 'Reflections on Little Rock', *Dissent*, VI/1 (Winter 1959), pp. 45–56.
8 Robert Penn Warren, *Who Speaks for the Negro?* [1965] (New Haven, CT, 2014), pp. 343–4.
9 Letter to Ralph Ellison, 29 July 1965. Correspondence, Miscellaneous, E, The Hannah Arendt Papers at the Library of Congress, http://memory.loc.gov, accessed 8 August 2020. In recent years scholars have begun to address the racialized language in Hannah Arendt's writing.

《艾希曼在耶路撒冷》

1 Saskia Hamilton, ed., *The Letters of Robert Lowell* (New York, 2005), p. 760.

2 Jerome Kohn, 'Evil: The Crime against Humanity', in 'Three Essays: The Role of Experience in Hannah Arendt's Political Thought', *The Hannah Arendt Papers at the Library of Congress*, https://memory.loc.gov, accessed 8 August 2020.

3 Elisabeth Young-Bruehl, *Hannah Arendt: For Love of the World* (New Haven, CT, 1982), p. 329.

4 Lotte Köhler, ed., *Within Four Walls: The Correspondence between Hannah Arendt and Heinrich Blücher, 1936–1968* (New York, 2000), p. 357.

5 Ibid., p. 364.

6 Ibid., p. 363.

7 Hannah Arendt, *Eichmann in Jerusalem: A Report on the Banality of Evil* (New York, 1963).

8 Marie Luise Knott, ed., 'Letter 132, June 23, 1963', in *The Correspondence of Hannah Arendt and Gershom Scholem*, trans. Anthony David (Chicago, IL, 2017).

9 'Letter 133, July 20, 1963', ibid.

10 Hannah Arendt, letter to James Baldwin, 21 November 1962, Library of Congress Archive, 005041.

11 Knott, ed., *The Correspondence of Hannah Arendt and Gershom Scholem*, p. 209.

12 Hannah Arendt, *Thinking Without a Banister: Essays in Understanding, 1953–1975*, ed. Jerome Kohn (New York, 2018), pp. 278–9.

13 Hannah Arendt, draft of letter to Samuel Grafton, *The Hannah Arendt Papers at the Library of Congress*, https://memory.loc.gov, accessed 8 August 2020.

14 Young-Bruehl, *Hannah Arendt*, p. 334.

15 Carol Brightman, ed., *Between Friends: The Correspondence of Hannah Arendt and Mary McCarthy, 1949–1975* (New York, 1996), p. 124.

16 Ibid., pp. 126–7.

17 Arendt was awarded an insurance settlement for her 1962 automobile accident, when her taxi was struck by a New York City motor vehicle. The settlement award subsidized a vacation that Arendt, Heinrich Blücher and Charlotte Beradt took to Greece.

《论革命》

1 Elisabeth Young-Bruehl, *Hannah Arendt: For Love of the World* (New Haven, CT, 1982), p. 385.

2 Hannah Arendt, *Thinking Without a Banister: Essays in Understanding, 1953–1975*, ed. Jerome Kohn (New York, 2018), p. 192.

3 Eugene Wolters, 'When Fidel Castro Met Hannah Arendt', *Critical Theory*, 17 September 2014, www.critical-theory.com, accessed 8 August 2020.

4 Hannah Arendt, 'What Freedom and Revolution Really Means, Thoughts on Poverty, Misery, and the Great Revolutions of History', *New England Review*, XXXVIII/2 (2017), available at https://lithub.com, accessed 6 August 2020.

5 Hannah Arendt, 'Revolutions Spurious and Genuine' (1964), *HannahArendt.net*, I/7 (November 2013), www.hannaharendt.net, accessed 8 August 2020.

6 Hannah Arendt, 'The Great Tradition', *Thinking Without a Banister*, p. 52.

7 Young-Bruehl, *Hannah Arendt*, pp. 397–8.

8 Ibid, p. 398.

9 Hannah Arendt, 'Truth and Politics', *New Yorker* (25 February 1967), p. 49.

10 Ibid.

11 Ibid.

12 Ibid.

《黑暗时代的人们》

1 Elisabeth Young-Bruehl, *Hannah Arendt: For Love of the World* (New Haven, CT, 1982), p. 396.

2 Hannah Arendt, 'Bertolt Brecht, 1898–1956', *Men in Dark Times* (New York, 1968), pp. 207–50.

3 For further reading see Jerome Kohn, 'Hannah Arendt's Judgment of Bertolt Brecht', *Social Research*, LXXXVI/3 (Fall 2019), pp. 651–69.

4 Young-Bruehl, *Hannah Arendt*, p. 390.

5 I offer a detailed account of Hannah Arendt's publication of Benjamin's final work in Samantha Rose Hill, 'Walter Benjamin's Last Work', *Los Angeles Review of Books*, 9 December 2019, https://lareviewofbooks.org.

6 Arendt, *Men in Dark Times*, p. vii.

7 Quoted in Carol Brightman, ed., *Between Friends: The Correspondence of Hannah Arendt and Mary McCarthy, 1949–1975* (New York, 1996), p. 225.
8 Ibid., pp. 225–32.
9 Lotte Köhler, ed., *Within Four Walls: The Correspondence between Hannah Arendt and Heinrich Blücher, 1936–1968* (New York, 2000), p. 388.
10 Young-Bruehl, *Hannah Arendt*, p. 423.

《共和的危机》

1 This text was never published, but a transcript can be found in Hannah Arendt's archive at the Library of Congress in Washington, DC, and digitally at https://memory.loc.gov.
2 Elisabeth Young-Bruehl, *Hannah Arendt: For Love of the World* (New Haven, CT, 1982), p. 414.
3 Ibid.
4 Ibid., p. 268. Blücher's words are from a letter to his mother, Klara Blücher, April 1946, Library of Congress.
5 Ibid., p. 436.

《心智生命》

1 Hannah Arendt, 'Thinking and Moral Considerations', *Social Research*, XXXVIII/3 (1971), p. 438.
2 Ibid., p. 436.
3 Carol Brightman, ed., *Between Friends: The Correspondence of Hannah Arendt and Mary McCarthy, 1949–1975* (New York, 1996), p. 201.
4 Elisabeth Young-Bruehl, *Hannah Arendt: For Love of the World* (New Haven, CT, 1982), p. 447.
5 Ibid. This is a summary of Young-Bruehl's account.
6 Ibid., p. 436.
7 Hannah Arendt, 'Remembering Wystan H. Auden, Who Died in the Night of the Twenty-eighth of September, 1973', *New Yorker* (20 January 1975); repr. in *Reflections on Literature and Culture*, ed. Susannah Young-Ah Gottlieb (Stanford, CA, 2007), pp. 294–302.

8 Barry Gewen, 'Hans Morgenthau and Hannah Arendt: An Intellectual Passion', www.nationalinterest.org, 25 August 2015.
9 Hans Morgenthau to Hannah Arendt, Hannah Arendt Archive at the Library of Congress, Washington, DC.
10 Brightman, ed., *Between Friends*, pp. 385–6.
11 David Bird, 'Hannah Arendt's Funeral Held: Many Moving Tributes Paid', *New York Times*, 9 December 1975.
12 Ibid.
13 Mary McCarthy, 'Saying Good-bye to Hannah', *New York Review of Books* (22 January 1976).

主要参考文献

著作

Der Liebesbegriff bei Augustin (Berlin, 1929); trans. as *Love and Saint Augustine*, ed. Joanna Vecchiarelli and Judith Chelius Stark (Chicago, IL, 1996)

Sechs Essays (Heidelberg, 1948); rev. as *Die verborgene Tradition: Acht Essays*

The Origins of Totalitarianism (New York, 1951); as *The Burden of Our Time* (London, 1951); trans. as *Elemente und Ursprünge totaler Herrschaft* (Frankfurt, 1955)

Fragwürdige Traditionsbestände im politischen Denken der Gegenwart (Frankfurt, 1957); trans. in *Between Past and Future: Six Exercises in Political Thought* (New York, 1961)

The Human Condition (Chicago, IL, 1958); trans. as *Vita activa oder von tätigen Leben* (Stuttgart, 1960)

Rahel Varnhagen: The Life of a Jewess (London, 1958); trans. as *Rahel Varnhagen: Lebensgeschichte einer deutschen Jüdin aus der Romantik* (Munich, 1959); U.S. edn as *Rahel Varnhagen: The Life of a Jewish Woman* (New York, 1974)

Die Ungarische Revolution und der totalitäre Imperialismus (Munich, 1958); trans. in *The Origins of Totalitarianism*, rev. 1958

Between Past and Future: Six Exercises in Political Thought (New York, 1961; rev. edn with two additional essays, 1968)

Eichmann in Jerusalem: A Report on the Banality of Evil (New York, 1963, rev. 1965); trans. as *Eichmann in Jerusalem: Ein Bericht von der Banalität des Bösen* (Munich, 1964)

Über die Revolution (Munich, 1963); trans. as *On Revolution* (New York, 1963, rev. 1965)

Men in Dark Times (New York, 1968)

On Violence (New York, 1970); trans. as *Macht und Gewalt* (Munich, 1975)

Walter Benjamin–Bertolt Brecht: Zwei Essays (Munich, 1971) [previously included in *Men in Dark Times*]
Crises of the Republic (New York, 1972)
Wahrheit und Lüge in der Politik: Zwei Essays (Munich, 1972)
Die verborgene Tradition: Acht Essays (Frankfurt, 1976) [containd *Sechs Essays* (1948), 'Aufklärung und Judenfrage' (1932) and 'Zionism Reconsidered' (1945)]
The Jew as Pariah: Jewish Identity and Politics in the Modern Age, ed. and intro. Ron H. Feldman (New York, 1978)
The Life of the Mind, ed. Mary McCarthy (New York, 1978)
Lectures on Kant's Political Philosophy (Chicago, IL, 1982)
Ich selbst, auch ich tanze: Die Gedichte (Munich, 2015)

由汉娜·阿伦特编辑的英文著作

Lazare, Bernard, *Job's Dungheap* (New York, 1948)
Jaspers, Karl, *The Great Philosophers*, vols I and II (New York, 1962–6)
Benjamin, Walter, *Illuminations*, trans. Harry Zohn (New York, 1968) [intro. repr. in *Men in Dark Times* (1968)]

由汉娜·阿伦特编辑的德文著作

Broch, Hermann, *Dichten und Erkennen, Essays*, VI and VII of *Gesammelte Werke* (Zürich, 1955) [Arendt's intro., trans. Richard and Clara Winson, in *Men in Dark Times*]
Jaspers, Karl, *Wahrheit, Freiheit und Friede* (Munich, 1958) [intro. trans., in *Men in Dark Times*]

文集，采访，评论，文章

Essays in Understanding, 1930–1954, ed. Jerome Kohn (New York, 1994)
Denktagebuch, 1950–1973, 2 vols (Munich, 2002)
Responsibility and Judgment, ed. Jerome Kohn (New York, 2003)
The Promise of Politics, ed. Jerome Kohn (New York, 2005)

The Jewish Writings, ed. Jerome Kohn and Ron H. Feldman (New York, 2007)
Reflections on Literature and Culture, ed. Susannah Young-Ah Gottlieb (Stanford, CA, 2007)
Thinking Without a Banister: Essays in Understanding, 1953–1975, ed. Jerome Kohn (New York, 2018)

已出版的英文书信集

Arendt, Hannah, and Karl Jaspers, *Correspondence, 1926–1969*, ed. Lotte Köhler and Hans Saner (New York, 1993)
Between Friends: The Correspondence of Hannah Arendt and Mary McCarthy, 1949–1975, ed. Carol Brightman (New York, 1996)
Within Four Walls: The Correspondence between Hannah Arendt and Heinrich Blücher, 1936–1968, ed. Lotte Köhler (New York, 2000)
Arendt, Hannah, and Martin Heidegger, *Letters, 1925–1975*, ed. Ursula Ludz, trans. Andrew Shields (New York, 2003)
The Correspondence of Hannah Arendt and Gershom Scholem, ed. Marie Luise Knott, trans. Anthony David (Chicago, IL, 2017)

已出版的德文书信集

Arendt, Hannah, and Hermann Broch, *Briefwechsel, 1946 bis 1951*, ed. Paul Michael Lützeler (Berlin, 1996)
Arendt, Hannah, *Wie ich einmal ohne Dich leben soll, mag ich mir nicht vorstellen: Briefwechsel mit den Freundinnen Charlotte Beradt, Rose Feitelson, Hilde Fränkel, Anne Weil-Mendelsohn und Helen Wolff*, ed. Ursula Ludz and Ingeborg Nordmann (Munich, 2017)
Arendt, Hannah, and Günther Anders, *Schreib doch mal 'hard facts' über Dich: Briefe, 1939 bis 1975*, ed. Kerstin Putz (Munich, 2018)

关于汉娜·阿伦特的作品选

Benhabib, Seyla, *The Reluctant Modernism of Hannah Arendt* (Lanham, MD, 2003)

——, *Politics in Dark Times: Encounters with Hannah Arendt* (Cambridge, 2010)
Bernstein, Richard J., *Hannah Arendt and the Jewish Question* (Cambridge, 1996)
——, *Why Read Hannah Arendt Now?* (Cambridge, 2018)
Canovan, Margaret, *The Political Thought of Hannah Arendt* (London, 1974)
Dietz, Mary, *Turning Operations: Feminism, Arendt, and Politics* (New York and London, 2002)
Disch, Lisa, *Hannah Arendt and the Limits of Philosophy* (Ithaca, NY, 1994)
Gines, Kathryn T., *Hannah Arendt and the Negro Question* (Bloomington, IN, 2014)
Honig, Bonnie, *Feminist Interpretations of Hannah Arendt* (University Park, PA, 1994)
Isaac, Jeffrey, *Arendt, Camus, and Modern Rebellion* (New Haven, CT, 1992)
Kateb, George, *Hannah Arendt: Politics, Conscience, Evil* (Oxford, 1984)
May, Larry, and Jerome Kohn, *Hannah Arendt: Twenty Years Later* (Cambridge, MA, 1996)
Pitkin, Hannah, *The Attack of the Blob: Hannah Arendt's Concept of the Social* (Chicago, IL, 1998)
Villa, Dana, *Arendt and Heidegger: The Fate of the Political* (Princeton, NJ, 1996)
——, *The Cambridge Companion to Hannah Arendt* (Cambridge, 2000)
Young-Bruehl, Elisabeth, *Hannah Arendt: For Love of the World* [1982] (New Haven, CT, 2004)
——, *Why Arendt Matters* (New Haven, CT, 2006)

图片鸣谢

Adoc-photos/Art Resource, NY: p. 132; © Estate of Gisèle Freund/Institut Mémoires de l'édition contemporaine (IMEC), Fonds MCC, Dist. RMN-Grand Palais/Art Resource, NY: p. 81; courtesy of the Hannah Arendt Bluecher Literary Trust/Art Resource, NY: pp. 14, 17, 23, 25, 26, 29, 32, 35, 51, 61, 68, 74, 79, 81, 88, 117, 122, 126, 136, 199, 211, 221, 223, 229, 232, 239.